23時の
おつまみ
研究所

山ノ内テツロー
61才
定年退職後
今は嘱託として
働いている
決めた！
テッちゃん
私
マレーシア行く！
…あ～
次女
ミズキのとこ？
いいんじゃない
行くっていうか
住む！
…え？
1か月後
パチ
タ. タ. タ.

30ウン年ぶりの
一人暮らしが始まった
今までずっと
家のこと見てくれて
海外住むの
夢だったんよ〜っ
そりゃあ
止める理由が
見つからない
大丈夫、
一人でも…
しかし…
スーパー惣菜、
コンビニおつまみ…
最近のって
うまく
なってるけど
ずっと
これじゃあなあ…
自分でも
作って
みるか
じゃじゃん
にんじんって
皮むくのか…？
トントン

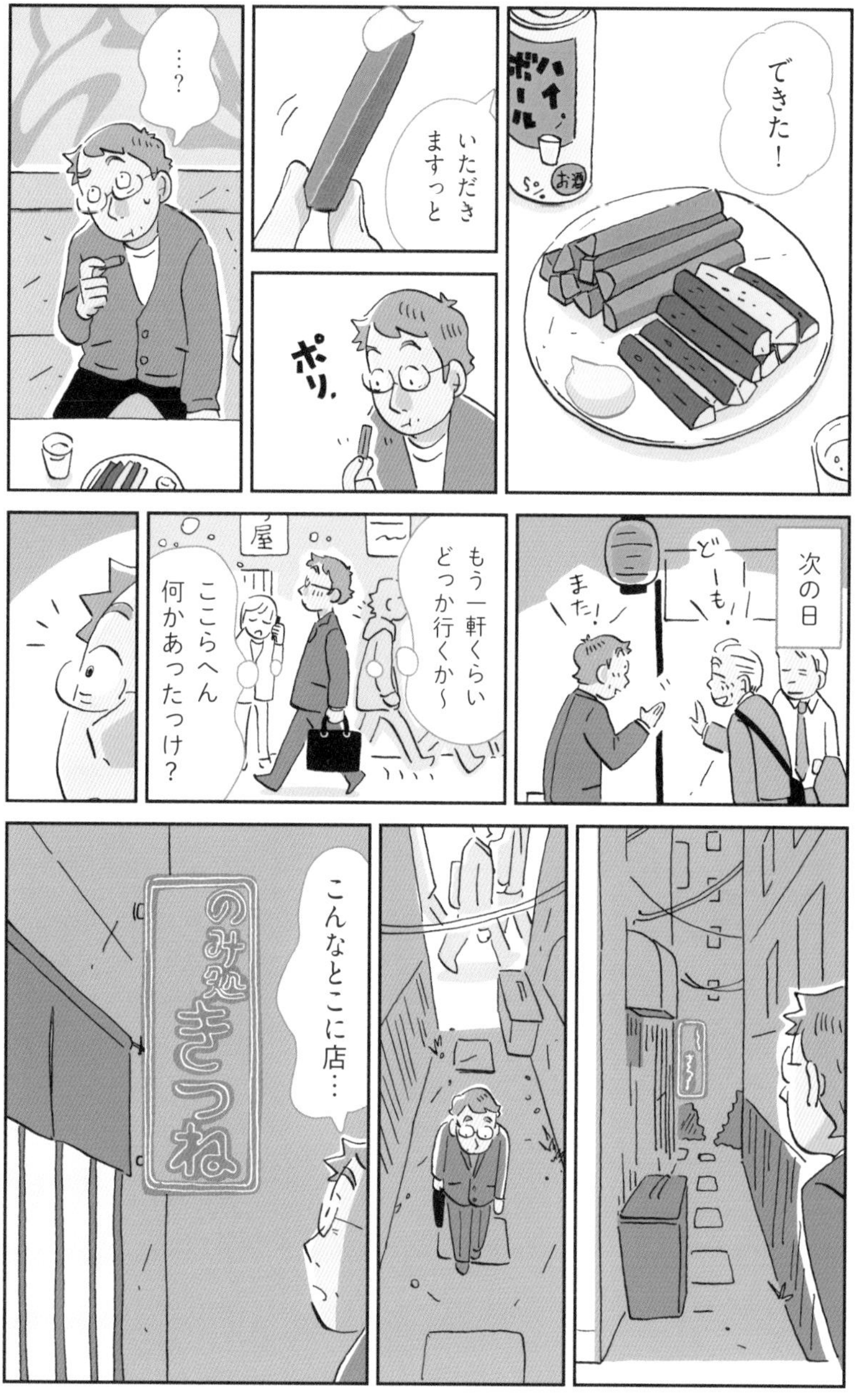
できた！
いただきますっと
ポリ
…？
次の日
どーも！
また！
もう一軒くらいどっか行くか～
ここらへん何かあったっけ？
こんなとこに店…
のみ処きつね

ガラララ‥
いらっしゃい！
どーも
若者…
えーと日本酒冷《ひ》やと…
焦がしニラ玉半熟仕上げ
紅しょうがにんじん
3種の梅きゅ
生マッシュル サラ
へーいろいろ変わったメニューある
3種の梅きゅうを
へい！
ビール〜
ハイボール〜
お酒〜
焼酎〜
おまたせしました〜
んっ

…これうまいですね
おおきに！
シンプルなのに
一味違うっていうか
…昨日
家でね
野菜スティック
作ったんですけど
なんか
いまいちで
野菜スティックなんか
どうやったって
うまく作れると
思ったけど
なんでかなー
野菜スティック…
なんか？
お客さん…
おつまみ
なめてたら
あきませんよ
え
ビール
中600円
ドロン
ビール
中600円

ジャーーン!
えーーーっ
キッ
キッ
キッ…
シンプルなおつまみこそ…
ひと手間で味がガラッと変わる!
いや、それより気になることがいろいろと…
あ…
コン
つい興奮して、すんません
本来の姿に戻ってましたわ

ポチ
見られたんじゃあしゃあないですね…
ウィ〜〜ン
え
ガーーーッ
え！
ホイサッ
サッ
エッ
うおっ
ウィン
ウィン
これはいったい…
ウィン
ふふふ
何を隠そうここは

23時のおつまみ
日夜
最高のおつまみを
求めて研究中！

研究所

OTSUMAMI LABORATORY

23時になると、ここ、のみ処きつねは、おつまみ研究所になるのだった——

香りで飲む

焦がしニラ玉半熟仕上げ 26

㊗ちくわの磯辺揚げ 28

平日きのこバター 30

実験レシピ ブロッコリーは「つまみ」になるか? 32

旬で飲む 34

ゆで焼きウインナーに辛子 36

蒸し焼きウインナーに粒マスタード 37

油じゃこと葉の香りサラダ 38

柑橘《かんきつ》肉吸い 40

香り味玉No.1決定戦 42

はじめての網焼き 44

お刺身ミックスユッケ風 48

実験レシピ にんにくはチューブでもいい香り? 50

本当に飲める納豆オムレツ 52

スモークサーモンはセロリと 54

おつまみ実践日記「香り」テツローさんが作ってみたら 56

食感で飲む

ザクザク8層ハムカツ 62

パリパリキャベツと守破離《しゅはり》のたれ 64

長芋小鉢は歌う 66

実験レシピ かまぼこは何cmがおいしい? 68

サクサク生ピーマン 70

カリカリベーコンの没頭サラダ 72

家で焼き鳥屋さん 74

ポリポリごぼう15cm 78

実験レシピ 冷めても衣がガリガリのから揚げは作れる？ 80
お通ししらたき明太 82
油揚げチップス 83
おつまみ実践日記「食感」テツローさんが作ってみたら 84

塩気で飲む

3種の梅きゅう 90
実験レシピ 一口目で味が決まる枝豆のゆで方は？ 92
枝豆のすべて 94
生ハム図鑑 96
しょっぱうま肴《さかな》トースト 98
さみしくない乾き物 100
とりあえず2%の浅漬け 102
実験レシピ 魚の漬《つ》け、どれがいちばんねっとり？ 104
辛い酒には「甘じょっぱい」で飲む 106
おつまみ実践日記「塩気」テツローさんが作ってみたら 108

うま味で飲む

ひたひただし巻き卵 114
あさりの酒蒸し 116
あさりの白ワイン蒸し 117
実験レシピ あじのなめろう、何回たたくとおいしい？ 118
えびとマッシュルームの基本アヒージョ 120
チーズ図鑑 122

本日のチーズに漬物を添えて 124
生マッシュルームのサラダ 126
生カリフラワーのサラダ 127
フライドポテトは「炒め物」 128
1時間後の、のり巻き 130
木曜日は豚のみそ漬け焼き 132
実験レシピ 塩豚は何日目にうま味が出てくる？ 134
豚バラミルフィーユ塩角煮 136
おつまみ実践日記「うま味」テツローさんが作ってみたら 138

温度と刺激で飲む

豆乳わさび冷奴 146
バターじょうゆ温奴 147
ピリ辛アボカド3種盛り 148
実験レシピ 野菜スティックは何℃がおいしい？ 150
紅しょうがにんじん 152
わさび飲み　辛子飲み 153
オニオンスライス塩昆布ラー油 154
長ねぎナムル 155
一晩ねかせたおでんの大根 156
熱々一口辛味餃子 158
巻き豚バラもつ鍋風 160
ベーコンレタスしゃぶしゃぶ 161
お魚缶詰熱々チーズ焼き 162
冷やしトマトに塩わさび 164
焼きトマトチーズ 165

実験レシピ かつおのたたき、飽きずに食べるには? 166
鯛のカルパッチョ 168
豚キムチチヂミ 169
いかの丸焼きバター 170
おつまみ実践日記「温度と刺激」テツローさんが作ってみたら 172

〆で飲む

焦がししょうゆ焼きおにぎり 175
つまみうどん3種 176
かきたま鶏塩雑炊 178
生ハムチーズお茶漬け 179
そうめん研究所 180
「なんかうまく作れない」ときに見直す4項目 188

お酒のアイコンについて

- 当研究所では、それぞれのおつまみにとくに合う、と判断したお酒を左端の「data」欄で表示しています。
- お酒の種類は、左のアイコンで上から、ビール、ウイスキー、焼酎、日本酒、ワイン。ワインは赤白を分けている場合もあります。
- 焼酎は、水割りにしたりソーダで割ったり、濃度を変えられるので、香りやクセのコントロールがしやすく、合うおつまみが多くなっています。
- ウイスキーもハイボールや水割りなど割り材の種類や量で濃度を変えられますが、そもそものアルコール度数が40～45度と高く、また香りが独自なので、合うものも少しかぎられてきます。
- ワインはフルーツからできているので、穀物から造られたお酒とは合うものが変わってきます。とくに赤ワインは味わいの幅が広いため、どんぴしゃで「合う」と言いづらいものも。新世界(ニューワールド。アメリカ、オーストラリア、チリなど)とよばれる国のもののほうが、比較的マッチしやすいかもしれません。
- あくまで当研究所のジャッジであり、個人の好みはあると思いますが、いつもと違う晩酌時間を楽しむための、ひとつの基準にしてみてください。

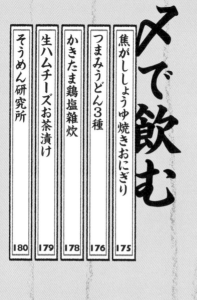

テツローさん家《ち》の これがあったらだいたい作れる台所

本書のレシピについて

・基本的にやや多めの1〜2人分、または作りやすい量です。
・大さじ1は15㎖、小さじ1は5㎖、1カップは200㎖です。スペースがないとき「大さじ1」を「大1」などと略しています。
・「調理時間」ではなく「食べられるまで○分」としています。
・電子レンジは600Wを使用しています。
・きのこの石づきを落とす、トマトのヘタ・梅干しの種を取る、飾りの葉っぱなど、表記を省いているものもあります。
・材料表の上の写真は、分量にはなっていません。

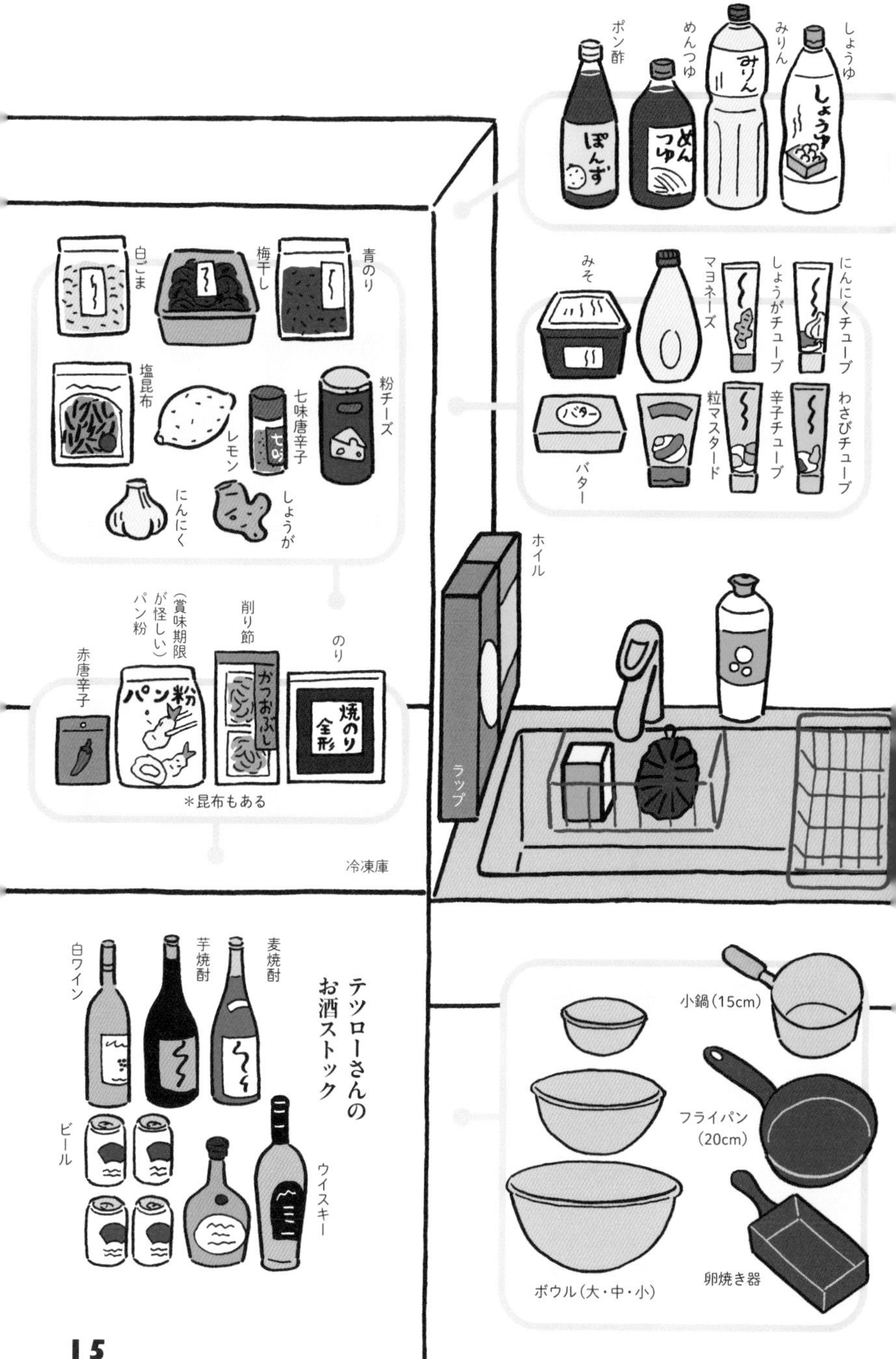

ポン酢
ぽんず
めんつゆ
めんつゆ
みりん
みりん
しょうゆ
しょうゆ
白ごま
梅干し
青のり
みそ
マヨネーズ
しょうがチューブ
にんにくチューブ
塩昆布
レモン
七味唐辛子
粉チーズ
バター
バター
粒マスタード
辛子チューブ
わさびチューブ
にんにく
しょうが
ホイル
赤唐辛子
パン粉
（賞味期限が怪しい）
パン粉
削り節
かつおぶし
のり
焼のり全形
＊昆布もある
ラップ
冷凍庫
白ワイン
芋焼酎
麦焼酎
テツローさんのお酒ストック
ビール
ウイスキー
小鍋（15cm）
フライパン（20cm）
ボウル（大・中・小）
卵焼き器

おつまみは「料理」にあらず

今、この本を読んでいるあなたに、どちらのおにぎりを食べたい？　と問えば、好みの問題もありますが、右を選ぶ方が多いでしょう。しかし、いざあなたの手にキンキンに冷えたビールジョッキを握らせ、一口ゴクリと飲んでもらったあとに同じ質問をしたら？　今度は左を選ぶと思います。

これこそ「料理」と「つまみ」の違いなのです。

つまみとは「摘《つま》む」という言葉が始まりと言われています。たしかに酒の席の食事は軽くつまむようなものが多いですよね。もともと「肴《さかな》」

料理

梅干しおにぎり

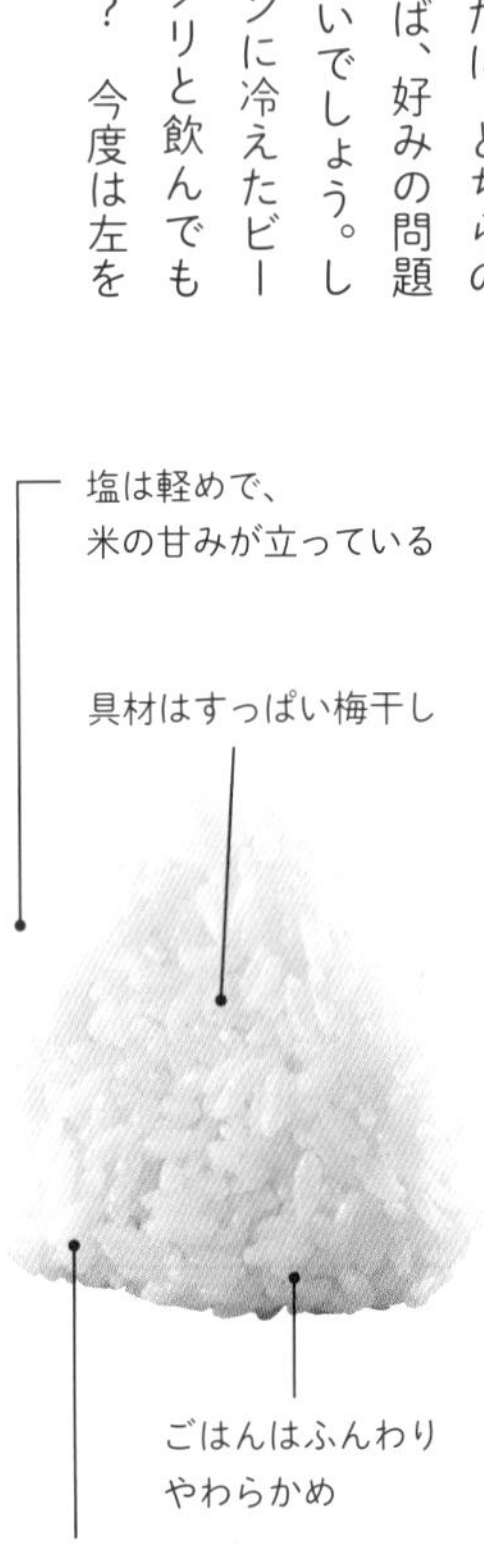

塩は軽めで、
米の甘みが立っている
具材はすっぱい梅干し
ごはんはふんわり
やわらかめ
台所で完成させる
米の香りが強い

というのは、食べ物ではなくお酒がメインで、あくまでお酒の添え物。さらに言えば「月見酒」「花見酒」というように、お酒の場が楽しくなる「娯楽」までひっくるめて「肴」とよばれています。

そう、おつまみは、そもそもが娯楽。だから、適当でいいのです。

でも、娯楽というのは、何より真剣さが必要なもの。ゆえに、真剣に適当でなければならない。それが、おつまみの真髄です。

真剣に適当とは何か。それは「軸」だけはブレずにしっかりと、でも、細部は適当。それができれば、あなたのおつまみは変わります。昨日とはまるで別物に。

ではそのおつまみの「軸」とは何でしょうか？それを次のページでご紹介します。

「娯楽」なり

おつまみ

焦がししょうゆ焼きおにぎり

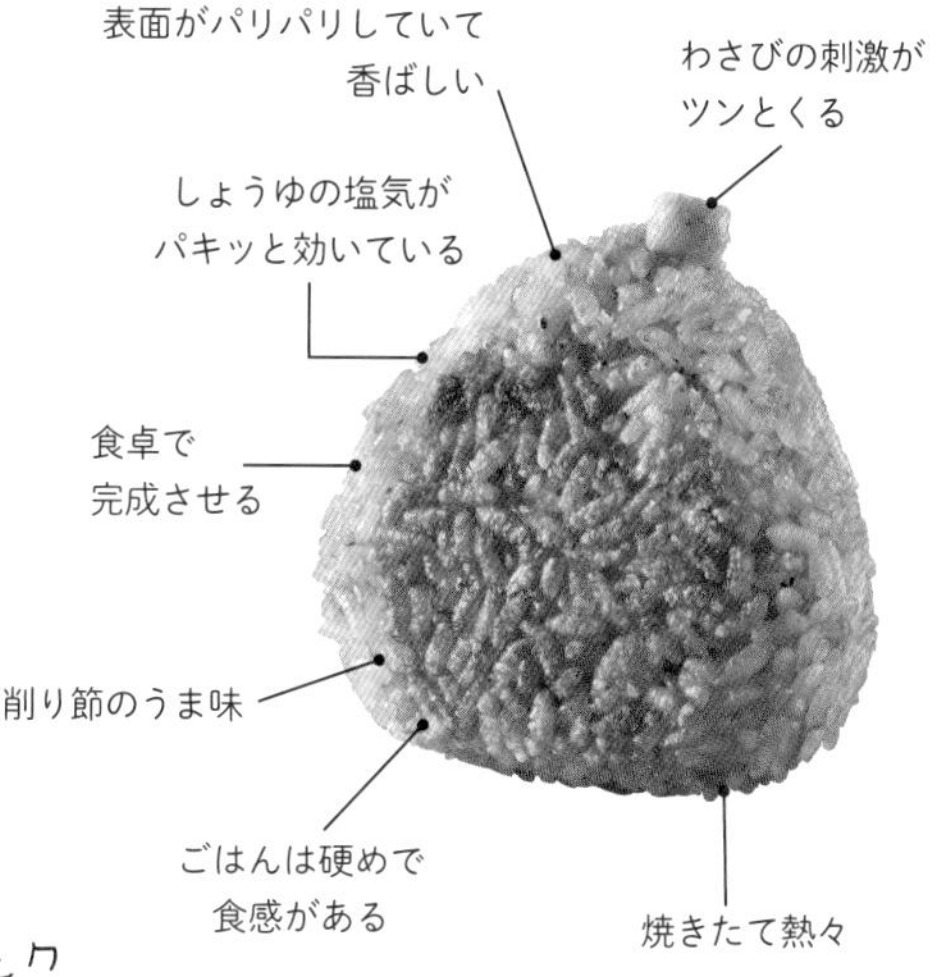

表面がパリパリしていて香ばしい
わさびの刺激がツンとくる
しょうゆの塩気がパキッと効いている
食卓で完成させる
削り節のうま味
ごはんは硬めで食感がある
焼きたて熱々

・・・
ブラックペッパーいける
俵形にしてみました
みそはどう？
クリームチーズも
ええかも

おつまみは6つの「軸」でできている

塩気
SHIOKE
香り
KAORI

おつまみの軸となるもの。
それはこの、6つの要素です。
このうち1つでも強くすれば
どんな食材でも即「つまみ化」します。
最小限の労力でレパートリーが増えて
残りの人生、
全つまみがおいしくなるのです。

SHIGEKI
ONDO
うま味
UMAMI
SHOKKAN

香りで飲む

さ、まずは基本からいこか
テツローさん、おつまみにいちばん必要な要素って何やと思う?
塩で飲むとかいうし
「塩分」じゃないですかね!
ブブー! 塩分も大切な要素ではあるけど
もっと粋《いき》な飲み方があんねん
粋?
んっ
なんだこのいい香りは…
焦がしニラ玉半熟仕上げ〜
正解は「香り」や!
これだけで飲めちゃいそうです
おまちどう〜
クンクン
今感じてる香り、じつは半分しか嗅《か》げてへん
?
どーゆーことですか?
ま、ええから冷めんうちにどーぞ

ハッ
ハッ
ん～
ビールと合う！
卵はとろとろ…
スタミナつきそうな味で
香ばしい！
そ！
それがもう半分の香りレトロネーザルや！
何？何ザルですって？
ウキッ
香りには
レトロネーザル
と
オルソネーザル
がある
レトロネーザル
鼻の外側から嗅ぐ香りがオルソネーザル
オルソネーザル
口の中から喉を通り鼻に抜ける香りがレトロネーザル
知らなかったなあ意識したこともなかった…
この2つの香りを感じることができるんは人間だけなんや

オルソネーザルは場の香りとも言える
焼き鳥屋のこと想像してみ
もうもうと立ち込める煙
タレと脂の焦げる香り…
やきとり
たまらんです
ネギマ、ぼんじり、皮…
な
惣菜チンしてもおいしいけど
チン!
香りの点でいうと味気ないですね
あとなこのニラ玉鼻つまんで食べてみて
…
アヒハヒハヘン
レトロネーザルが感じられへんからやな
料理のおいしさって香りが大部分を占めてるねん
「スタミナつきそうな味」「香ばしい」っていうのは「香り」によるものや
香りを感じる部分
なるほど
香り大切だな～
しかしニラってビールにほんとよく合う
ニラにはニンニクと同じくアリシンちゅう香り成分がある
これがビールに合うんよね

当研究所でお酒と香りのおつまみの相性を分析してみた結果が、これや
焼酎
合わないものはあまりない！強いて言うなら、
しょうゆ
みそ
照り焼き
肉じゃがなどの家庭料理
日本酒
海産物
発酵食品
干物
だし
カラみぶし
ワイン
生ハム
カビ系のチーズ
ハーブ類
オリーブオイル
OLIVE
ビール
にんにく
ブラックペッパー
カレー
チリパウダー（メキシカン）

塩や砂糖は香りがないから香りが強いアイテムを足して工夫するとええわ
にんにく
青のり
ブラックペッパー
バター
しょうゆ
ごま油
薬味
香酸柑橘類
どれもおつまみによく登場してる！

はーおいしかった
このニラ玉、明日も食べたいくらいです

明日のニラ玉は今日のニラ玉と
別モンになってるかもな
え
明日の気温や体温
気温
体温
合わせるお酒でも変わる
お酒
アルコールは温度が上がると揮発して香りの立ち方も変わる
なんとなくお酒飲んでても、その出会いは一期一会っちゅうことやね
ハー…
ぜんぶ一回こっきり…一期一会だったんだな
新緑を見ながらワインとチーズ
蒸し暑い外でビールとタイ料理
雪の日、おでんと日本酒
もっと大切に飲んでおけばよかったです
香りを感じる細胞は生まれ変わり続ける
70歳すぎたらちょっと落ちるらしいけど
でも8割程度は残ってんやって
香りで飲むってことを知ったわけやし
まだまだ、楽しめるよ
ですね！
つづく

KAORI

スタミナの香りは「焼き」で増す

焦がしニラ玉 半熟仕上げ

ニラ玉といえば「酔っぱらっても作れる」適当つまみの代表格。しかし本当に適当でいいのか？ そこで、一つ一つの工程を見直してみた。するとまだまだおいしく作れる方法があったのだ。それは……。

まず、ニラを炒める。いや、ここは「炒める」では弱い。「焼く」が正解だ。煙が出るほど熱したフライパンで1分、触らずじっと焼く。これで、香ばしさが極まり、ニラの奥に潜んだ甘みが引き出された。

卵はボソボソさせたら終わり。だから、10回混ぜたら火を止める。おや、まだ卵は液体だ。ここで臆病にならず余熱でまったり混ぜながら皿に盛る。……完璧だ。卵が絡みつく、完璧なニラ玉だ。

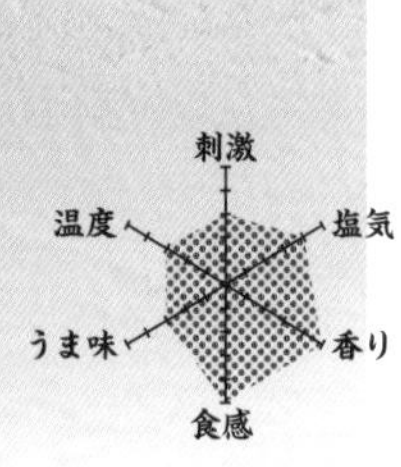

酒に合う野菜 No.1

香りの強さは調理で変わる

ニラは、小松菜やほうれん草よりも、香りにパンチがある。
その香りの強さは、調理法で変えられるのだ。
その日のお酒や、冷蔵庫の食材に合わせてどうぞ。

材料

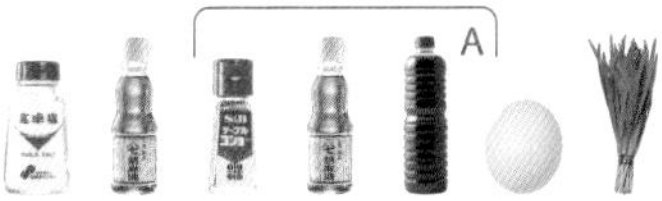

- ニラ…½把（50g）
- 卵…2個
- A しょうゆ…小さじ1
- A ごま油…小さじ1
- A こしょう…少々
- ごま油…小さじ2
- 塩…2つまみ

作り方

1. ニラは5cm長さに切る。
2. 卵は箸先を立てるように40回ほぐし、Aを加えて混ぜる。
3. フライパン（26cm）に油を**中火**で熱し、煙が出たら、ニラを広げ、塩をふって**1分**焼く。
4. 上下を返したら中央を空け、卵液を流し入れ、ニラと合わせるように大きく10回混ぜたら火を止める。

角が取れて品が出る

弱 ゆでる

ニラ（½把）は4cm長さに切り、熱湯で30秒サッとゆでてざるに取る。しょうゆ（大½）、水（大1・½）、砂糖（小½）と和えて、削り節と温泉卵をのせる。こういうニラ玉もあるのか。

「炒め物」がつまみに変わる

中 炒める

豚バラ肉と、もやしを焼きながら炒めて、しょうゆ、砂糖、ブラックペッパーで味つけする。仕上げにニラを加えたら、ただの炒め物が、一気に「つまみ化」を遂げる。

優しいあの子が派手になる

強 生のまま

ニラ（½把）は2mm幅に刻み、しょうゆ（大2）、ごま油・酢（各小2）を混ぜる。これだけでニラのエキスが染み出て、豆腐など、優しめの素材にかけると華やかなパンチが出る。

data

とくに合うお酒

こうして合わせる

ワイン
↓ ハムやソーセージなどの畜肉系の素材を加える
↓ ベーコンを入れる

おつまみ一句
ニラ1本　奥歯に挟まり　もう詰んだ

揚げずに焼くから香りが大胆

㊊ちくわの磯辺揚げ

まずは写真を見てほしい。あなたの知っている「ちくわの磯辺揚げ」とは違うだろう？ そう、厚みが違うのだ。貧相に見える？ いや、味はその逆だ。

揚げ物はめんどくさい。だから、少ない油で揚げ焼きにしてみた。ん？ いつもはちくわが油をたっぷり含んでふくらむが、これはペラッとそり返る。味はどうだろう。サクリ……濃い！ 水分が抜けて中の味の密度が上がったのだ。

ぎっしりとした凝縮感に、表面のサクッと感。弾むように手がのびるレシピが完成したので、とりあえず一度、作ってみてほしい。

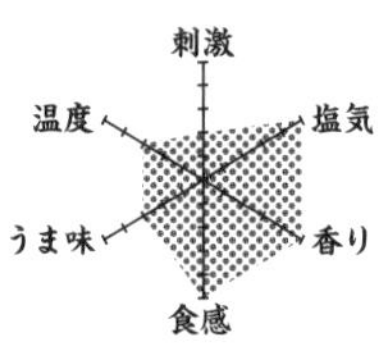

data

食べられるまで 10分

材料

焼きちくわ…3本

A
小麦粉…大さじ2
水…大さじ2・½
青のり…小さじ2

サラダ油…適量

作り方

① ちくわは縦半分に切る。

② 衣を作る。ボウルにAを入れ、箸でざっくり混ぜる。粉っぽくていい。

③ フライパン（20㎝）に油を5㎜入れて**中火**で**2分**熱する。

④ ちくわを衣に絡めて、油に入れる。そのまま**2分**、返して色がついてカリッとするまで揚げ焼きにする。

とくに合うお酒

こうして合わせる
↓
軽いものを選ぶ。粉チーズをふる。クリームチーズを添える

青のりかければすべてがつまみ

磯辺揚げの唯一の弱点。
それは、青のりを買わなければいけないということ。
でも大丈夫。ぶっちゃけ青のりは、かけすぎくらいがちょうどいい！

トマトに
クリームチーズに
きのこバターに
ポテトチップスに
（のりしおになるだけ）
長芋に
ポテトサラダに
もやし炒めに
焼きささみに
天かすとめんつゆと
おにぎりに混ぜて

青のりおつまみプレート！

仲間だね！

ちょっと使うだけでも、白ワインや日本酒によく合う風味になるよ。
しょっぱくないから失敗しないし、コクも出るので、
「ごま」だと思ってどばっと使ってみよう

おつまみあるある
久しぶりに使おうと思った青のり、賞味期限が1年切れてた。

毎日悩む「あと一品」、これでよくない？
平日きのこバター

KAORI

月 Mon

えのき ブラックペッパーバター

えのきは、とろっとしがちで甘みがある。そのため、ブラックペッパーのようなパンチのある調味料を使うと、切れ味がよくなる。

㊫ブラックペッパー（小さじ$\frac{1}{4}$）

火 Tue

しめじ めんつゆバター

小ぶりでつるりとしており、あまり香りに主張はないが、それゆえにどんな味ともなじみやすい。めんつゆのように、味が完成している調味料を使うとお酒に合う。

㊫めんつゆ（2倍希釈・小さじ2）

合わない…

ポン酢バター。えのきが負けて、すっぱさを強く感じてしまった。にんにくバターも、えのきのぬるっとした食感と合わない。

合わない…

塩バター。しめじはきのこの中で比較すると、うま味を感じにくい素材なので、シンプルすぎる味だとお酒に合う強さが出なかった。

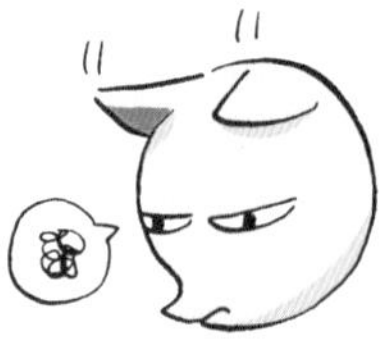

なんでもありなようでいて、じつは合わない味もある

このきのこバター、毎日食べても「また～!?」とならない。なぜってそれは、きのこでくくっていないから。本来えのきにはえのきの味があり、しめじにはしめじの味がある。ぜんぶ別の素材なのだ。そんな思いから、当研究所では、一つ一つのきのこの特徴をつぶさに観察し、それぞれの長所を盛り立てる「香り別レシピ」に行き着いたのだ。

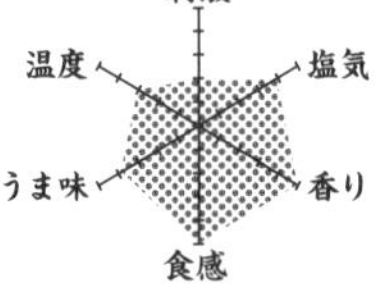

data

とくに合うお酒

こうして合わせる

↓細ねぎの小口切りか青じそのせん切りを散らす

水 Wed

しいたけ しょうゆバター

しいたけは、きのこの中でも香りが独特。そのためよけいなことはせず、シンプルにしょうゆで食べたほうが良さが引き立つ。縦半分に切り、切り口を下にして焼く。

㊞しょうゆ（小さじ1〜2）

合わない…

めんつゆバター。しいたけ自身が個性が強くてめんつゆの助けがなくても大丈夫な存在感があるのでトゥーマッチに。

木 Thu

エリンギ にんにくバター

エリンギは、香りの主張は少ないが、食感がおもしろい。やや酸味があるので、にんにくで酸味をカバーしつつ、輪切りにして食感を際立たせると新鮮。

㊞にんにくチューブ（小さじ½）

合わない…

ポン酢バター。エリンギはそもそも酸味があるので、ポン酢だと、酸味が重なってしまう。

金 Fri

まいたけ ポン酢バター

まいたけは、香りもうま味も強め。だから、ポン酢くらいマウントをとってくる調味料でないと負ける。ポン酢の酸味はバターでまろやかになる。

㊞ポン酢（小さじ2）

ブラックペッパー。おいしくなくはないが、まいたけの香りが和風の方向に強いので、七味のほうが合うかも。

合わない…

材料

きのこ…1パック（100g）

サラダ油…小さじ1

バター…10g

共通の作り方

①きのこは小房に分けたり、ほぐしたり切ったりする。

②フライパン（20㎝）に油を**中火**で熱し、きのこを広げる。えのきとエリンギはここで塩（2つまみ）をふる。**2分**焼く。

③上下を返しながら**1分**炒め、バター、調味料（各きのこの㊞を参照）を加えて混ぜる。

POINT 最初からバターで炒めないこと。バターには水分やタンパク質が含まれているため、きのこより先に焦げてしまう。先にサラダ油できのこの香りを引き出してからバターを足すと、香りの相乗効果は最大になる。

テツローさんのひとりごと

まいたけは「みつけると舞うほどうれしい」というのが名前の由来なんだとか。名前つけた人のセンス、好き。

LABORATORY になるか？

実験レシピ

冷蔵庫に、ブロッコリーしか野菜がない！
だけど食卓に野菜のつまみが何もない……。
そこで当研究所では、いつもゆでがちな
ブロッコリーも「炒めたり焼いたりすれば、
つまみになるのでは？」という
仮説を立てた。
はたして結果は……？

材料 食べられるまで 10分

ブロッコリー…½株（100～150g）
オリーブオイル…大さじ2
塩…2つまみ
粉チーズ…大さじ1～2

① 大ぶりに切る

ブロッコリーは小房に分け、半分に切る。水に**1分**つけておく。

POINT 細かく切らず、大ぶりに切る。するとしっかり焼き色もつき、中が蒸し焼きになって甘みが増す。

原寸大

ゆでてマヨネーズつけたブロッコリーは、「おつまみ」っていうより「朝ごはん」って感じ

ブロッコリーは「つまみ」

data

とくに合うお酒

こうして合わせる

↓イタリアやスペインなど、野菜を焼く文化のある地域のさっぱりしたワインを選ぶ

② 断面を焼く

フライパン（20㎝）に、水気をきったブロッコリーを広げる。オリーブオイルを絡め、断面を下にして並べる。

POINT 切るときに「平たい面」を作っておく。そこをフライパンに接地させて焼くと、熱源にふれている面積が増え、効率よく火が回る。

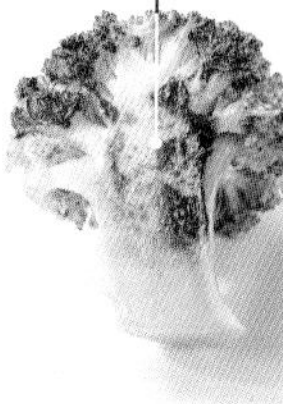

③ 3分さわらない

塩をふり、ふたをして**中火**で**3分**焼く。焼き色がついたらふたを取り、上下を返してさらに**2〜3分**焼く。粉チーズを散らし、溶けたら火を止める。

POINT 箸でちょこちょこいじるのが「炒める」。勇気を出してほうっておくのが「焼く」。

結果

「焦げ目」がつけば、野菜は飲める！

A 焼いた

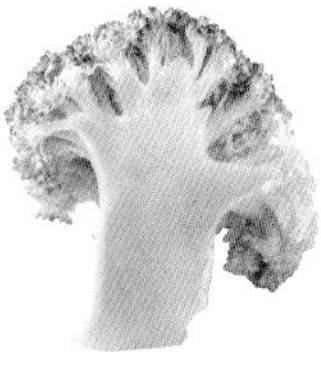

B 炒めた

結果、Aのこんがりと焦げ目がついたブロッコリーは、香ばしさが強く、ビールがほしくなるうまさ。多めの油でじっくり火を入れることで、つぼみの部分が脱水されて素揚げっぽい食感。粉チーズはやや反則だが、塩気とうま味が増え、よりつまみ感が出た。しかし、②からずっと炒めたBのほうは、少し物足りなかった。油感があるので飲めないことはないが、お酒に合う強さではない。また、塩気に相対する甘みも、Aのほうが濃く感じられた。

「焦げ」があれば、特別な調味料はいらん。お酒に合う香りは、調理で作れるんや

おつまめ知識

この焦げ目は「メイラード反応」といって、糖と熱が結びついて起こる化学効果の表れ。素材の持っている糖が、焼くことによって反応し、香ばしさやコクを生み出す。

年中何でも手に入る時代。だから 旬で飲む

前のページの焼き方は、いろいろな野菜に応用できる。
じっくり焼くことで、ハーブに負けない強い香りが生まれ、
野菜に閉じ込められた旬の気配が、ぐっと引き出される。
その香りは、今日しか味わえない季節の香り。
季節は、お正月やお花見の日だけに流れているわけじゃない。

春の焼きキャベツ

花咲く春。春のキャベツは、冬よりも香りが強い。くし切りだと、中が蒸されて甘くなる。鼻先に、屋台の鉄板の香り。缶のビールをプシュッと開ける。

キャベツ（⅙個）を、半分のくし切りにして焼く。しょうゆとレモンを添える。

夏の焼きピーマン

汗だらだらの暑い日に、焼きピーマンを噛むとじゅんわりうまい。焦げの苦味と青い香りが、苦いビールを甘くする。丸ごと焼く、いい加減さも夏らしさ。

ピーマン（4個）は親指をヘタに入れて穴をあけ、軽くつぶす。焼くときは、上下を返したら3〜4分とやや長めに。ヘタ側も立てて火を通す。にんにく（すりおろし・⅛かけ）と、みそ（大1）を混ぜて添える。

data

とくに合うお酒

こうして合わせる

↓イタリアやスペインなど、野菜を焼く文化のある地域のさっぱりしたワインを選ぶ

秋の焼きれんこん

根菜がおいしい秋。こんがり焼けたれんこんを前歯でみしり。冬に向けて「よし」と踏ん張れる、勇ましい香り。乾いた喉に、ビールの炭酸を流し込む。

れんこん(150g)は皮をよく洗い、皮つきのまま1.5cm厚さに切る。油をごま油に変えて焼く。カレー粉と塩を1:1で混ぜて添える。

冬の焼きかぶ

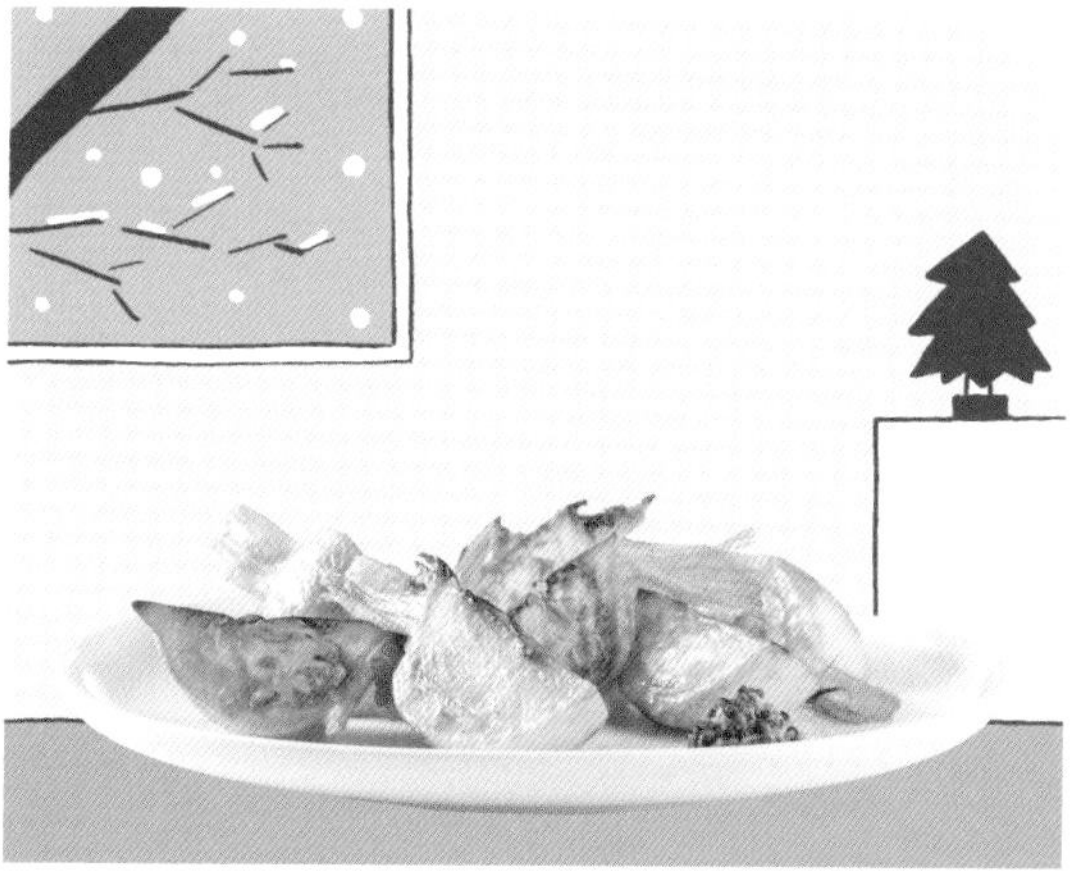

背中がちぢこまる冬。かぶをじっくり焼くと甘く焦げる香り。あんなにかたくなだったのに、とろりとリッチな食感に。暖かいこたつ。冷えたビール。

かぶ(小3個)の根は、葉を2cm残して6等分に切る。水に5分つけると葉の間の泥は取れやすい。焼いたら粒マスタードを添える。

人生あるある

「え！ もう12月？ 今年あと1か月しかないの？ ってこれ毎年言ってない？」と毎年言ってる。

焼酎、日本酒、ワインの時間は

ゆで焼きウインナーに辛子

刺激
塩気
香り
食感
うま味
温度

「ゆで焼き」とは何か？ それは、少ない水でゆでたあと表面を加熱する方法。こうすると、皮の中はパツパツに熱され、パリッと噛むと優しい香りが口の中に広がるのだ。

でも、優しすぎると刺激がほしい。そこでツンとくる辛子を合わせると、濃いめのお酒がすすむ風味になる。

食べられるまで 5分

材料

ウインナー…1袋（6本）
辛子…好きなだけ

作り方

① フライパン（20㎝）にウインナーを入れ、水（大さじ2）をふりかける。

② **中火**にかけ、沸騰させる。水分が蒸発してなくなったら、つやが出るまで転がしながら**2分**ほど炒める。

③ 辛子を添える。

ウインナーってふつう
「ゆでる」か「焼く」かやろ？
でも「つまみ化する」って
考えたらこの２つの
レシピになったねん

ビール、ハイボール、サワーの時間は

蒸し焼きウインナーに粒マスタード

「蒸し焼き」とは何か？ それは、蒸すことであえて皮を弾けさせ、中から出るウインナー自身の肉の油で焼き上げる方法。油はフライパンの上で200℃以上の高温になる。だからオイリーでパンチのある香りが出るのだ。

ウインナーといえば粒マスタード。だが、いろいろ試した結果、ベストマッチは「蒸し焼き」だ。粒マスタードの酸味が、オイリーな味をキュッと切ってくれて、一口一口新鮮なおいしさが現れた。

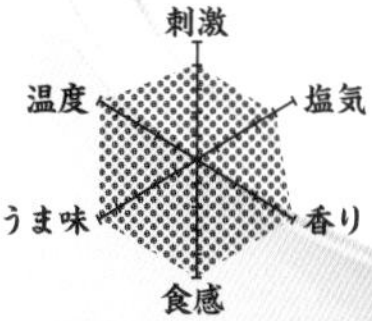

食べられるまで 8分

材料

ウインナー…1袋（6本）
粒マスタード…好きなだけ

作り方

①フライパン（20㎝）にウインナーを入れ、ふたをする。

②**中火**にかけ、**3～4分**待つ。パチパチ音がしてきたらふたを開け、つやが出るまで転がしながら**2分**ほど炒める。

③粒マスタードを添える。

レンチンでもいいの？

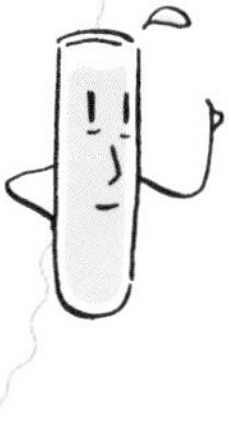

1～2分で、もちろん火は通ります。でも、加熱されるだけで、あまりおつまみになるようないい香りは出てきませんね。やはり熱源に直に触れるほうがおいしい。それは断言します。

KAORI

熱々オイルをジャッとやる

油じゃこと葉の香りサラダ

まずは油を、煙が出るほど熱々に熱し、じゃことごまにジャッとかける。すると香ばしさが一気に立ち上がり、高温の油で野菜の一部が加熱される。ほおばると、生の葉っぱ一辺倒ではない、葉の中の甘い香りも広がってきた。うん、いける。

サラダをつまみに飲むなんて、ちょっと強がりだと思ってた。だけど、違った。あの軽さに「香り」が加わると、飲める。まさかサラダで酒がすすむとは。

そして、後味まで油のコクが口に広がって残る。だからサラダなのにビールが次々ほしくなる。止まらない。「ああ、つまみのサラダってこういうこと」と、しみじみじゃこを噛んでいるうちに、皿が空になっていた。

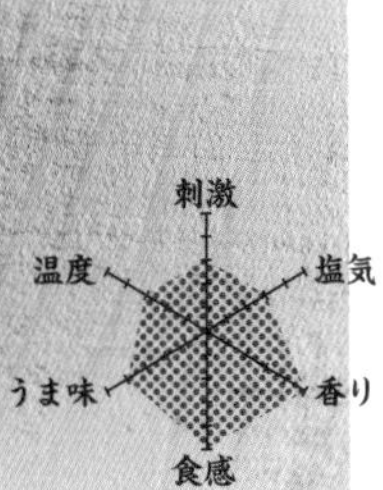

食べられるまで **25分**

とくに合うお酒

こうして合わせる

↓じゃこを生ハムに変える。レーズンやナッツを散らしても

材料

- 水菜…大1株（50g）
- サラダ菜…1袋（50g）
- ちりめんじゃこ…大さじ3
- 白ごま…大さじ2
- ごま油…大さじ2
- A
  - 酢…小さじ2
  - 塩…少々
  - こしょう…少々

作り方

1. 水菜は5㎝長さに切り、サラダ菜は大きくちぎる。冷水に**20分**放つ。
2. 野菜の水気をふいてボウルに入れる。上にじゃこ、ごまをまとめてのせる。
3. フライパン（20㎝）に油を入れて**中火**にかけ、煙が出るまで熱する。じゃこ、ごまをめがけて油を注ぎ、絡める。
4. Aを順に加え、全体を和える。

じゃこは塩昆布や桜えびに。ごま油はオリーブオイルにしても美味です

パリパリが続くのはどっち？

熱々の油 VS ドレッシング

10分後

パリパリ！ 下に水分があまり出ていない

油は、温度を上げるとサラッとする。サラサラの油は、すぐに全体に行き渡り、葉の表面をコーティングする。そのため、塩が野菜に直につきづらく、葉の水分をキープしてくれる。

しんなり…… 下に水分が出ている

ドレッシングは、どろっと粘度のある冷たい油と、調味料を乳化させたもの。それが直接葉にふれるので、浸透圧で野菜の水分が出て、時間がたつとべちゃっとしてしまう。

＊浸透圧とは、水分が、濃度の薄いほうから濃いほうに移動しようとする現象。野菜を塩でもむと水が出たりする、あれ。

テツローさんのひとりごと

これってもしかしたら「シャンプーとトリートメント」と「リンスインシャンプー」の違いみたいな感じかな？リンスインシャンプー、最近見ないけど元気かな。

KAORI

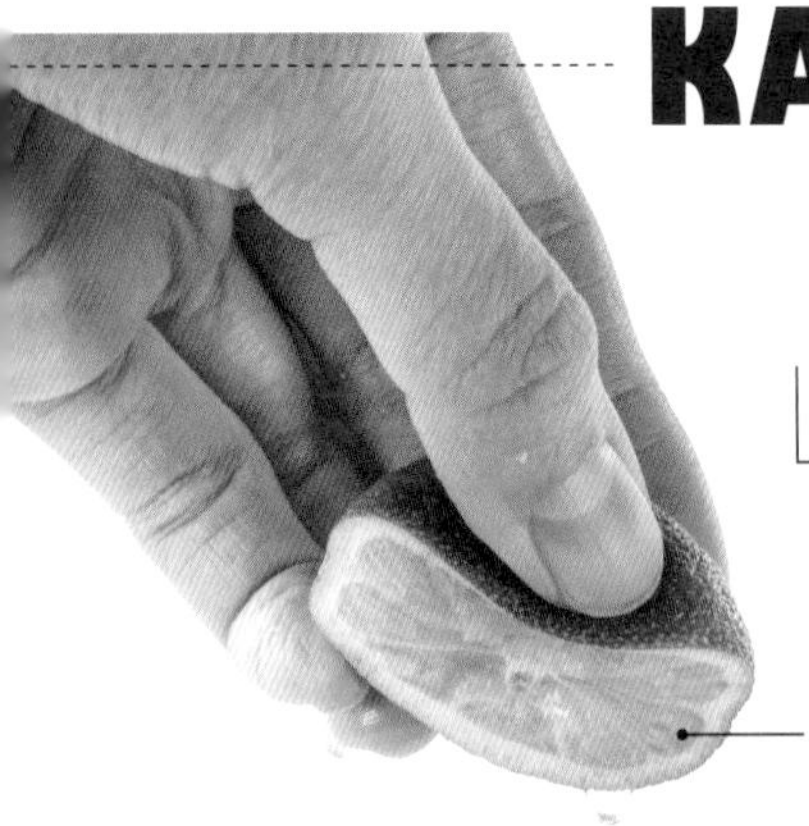

汁の香りで粋に飲む
柑《かん》橘《きつ》肉吸い

ちょっと疲れた日、ホッとしたいが酒も飲みたい。そこで思った。「酒が飲める汁物」を作ればいいじゃないか。

この肉吸いは、香りで飲める。そう、柑橘の香りだ。甘じょっぱい汁の味で、舌がホッとしたのもつかのま、鼻の奥から、すだちが鋭く香り立つ。

わかりやすい塩気や油っぽさじゃないだけに、五感が試されるおつまみだ。そこで、豚肉に熱湯をかけてみた。すると肉の臭みや脂分が抜けて、汁の味が透き通った。

ピュアな香りで芯からゆるむ。水分もとれるしお腹もあったまる。疲労回復に効果のあるクエン酸もたっぷりで「あえて汁で飲む」……なんかいい。

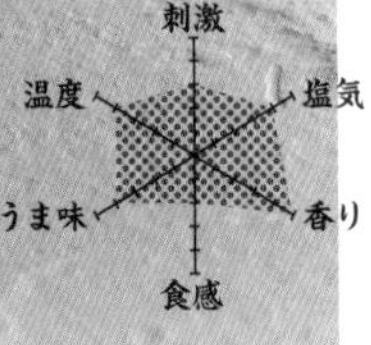

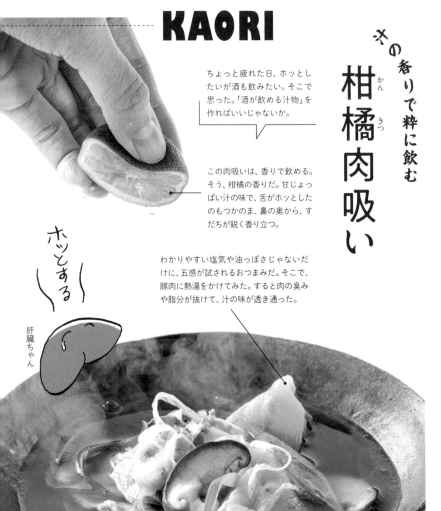

食べられるまで 10分

材料

- 豚バラ肉（薄切り）…200g
- 長ねぎ…1本（100g）
- しいたけ…4枚
- A
  - 昆布…5cm角×2枚
  - 水…2・½カップ
  - みりん…大さじ2
  - 塩…小さじ½
  - しょうゆ…小さじ2
- すだち…2個

作り方

① 豚肉は6cm長さに切り、ボウルに入れる。かぶるくらいの熱湯を注ぎ、**1分**おいて取り出す。

② 長ねぎは斜め薄切り、しいたけは5mm幅の薄切りにする。

③ 鍋（20cm）にAを入れて**中火**にかける。煮立ったら①②を入れ、**弱火**で**5分**煮る。すだちを絞る。

香《こう》酸《さん》柑橘類自己主張ランキング

1位
2位
ゆず
3位
すだち
ほどよい主張！

合うお酒

かけるとすべてが「レモン」になる、まさにリーダー的存在感。酸味がツンと尖っていて、ひたすらに強い。和食に使っているのに一気に洋風の嵐を巻き起こす、強引でクセになる支配力の持ち主。

合うお酒

嗅ぐと一瞬で「年越し感」が出る。11月ごろからが旬で、果汁より皮の香りを活用する。ほんの少し使っただけで、ぐいぐい前に出てくるので、どんな素材もすべて正月化してしまう。

合うお酒

デイリーな小料理屋っぽさがある、上品な存在感。大分県産のものが多く、ふぐや、地鶏の臭み消しに使われる。すだちと似ているが、かぼすのほうが2〜3倍大きい。旬は8〜11月。

合うお酒

ほどよい香りとほどよい酸味で、何とでも相性がよい八方美人タイプ。素材の香りをほどよく生かすので、だしや白身の魚など、繊細な香りやうま味のものにも合う。旬は8〜10月。

すっぱいから
生食しいひんけど
風味づけに使うのが
「香酸柑橘類」やで

テツローさんのひとりごと

「赤ワインに合わせるには、豚肉を牛肉に変えるとええで」と大将が言ってた。「赤ワインのつまみで肉吸い食べる人なんている!?」とツッコみそうになったが、「おつまみは娯楽」の言葉を思い出し、ぐっと飲み込んだ。

KAORI

薬味で食欲のドアが開く
香り味玉No.1決定戦

お酒に合う味玉は断然、「8分ゆで」。「6分」だとやわらかすぎて物足りなく、「10分」までいくと、黄身のうま味を感じづらい。でも冷蔵庫から出したてで「8分」ゆでると、すべてがちょうどいい、という結論に達した。

6分　　8分　　10分

青じそ

合うお酒

6枚を8㎜角に切る。小料理屋飲み度No.1。爽やかで深い青じその香りが、卵の味を丸くする。しそ焼酎を合わせたら完璧。

みょうが

合うお酒

2〜3本を薄い輪切りにする。卵飲み度No.1。香りが消えやすいみょうが。でも負けじゃない。そのぶん卵黄と卵白の香りが際立つ。舌先がチュッと縮み込む収《しゅう》れん味《み》で飲む。

世界には、味玉レシピがあふれている。そんな中、この味玉が果たすのは「食欲の扉を開ける」という任務。閉じていた胃が広がり「さあ飲むぞ！」と勢いづく。それは、「味」ではなく「香り」の力なのだ。あなたはどの香りが、いちばん好き？

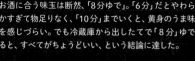

食べられるまで **6時間15分**

材料

卵…4個

A
砂糖…大さじ1
水…大さじ4
しょうゆ…大さじ2

作り方

① 小鍋にAを入れて**中火**でひと煮する。粗熱がとれたら、薬味といっしょに保存袋に入れる。

② 小鍋に5カップの熱湯をわかし、冷蔵庫から出したての卵をおたまで1個ずつ入れる。沸騰させたまま**中火**で**8分**ゆでる。

③ ざるにあげ、すぐ流水にとって完全に冷やし、殻をむく。①に漬け、冷蔵庫で**6時間**以上おく。5日ほど持つ。

合うお酒

ニラ

⅓把（30g）を2㎜幅に切る。
ラーメン屋飲み度№1。パンチがあるニラの香りも、卵の甘みと重なりホッとする。こういうニラ玉もあるのか。

合うお酒

パクチー

2枝を粗みじんにする（大さじ2）。
アジア度№1。蒸し鶏とゆでたえびまでほしくなる、口の中を瞬間タイにする味。タイビールを合わせて、いざ非日常へ。

盛りつけるときは、味玉を半分に切って上から汁をダバッとかけると世界観が広がる。そして箸を持ったら、シャキッとした薬味といっしょに口に運ぶ。鼻に抜ける薬味の香りと味玉のコクに、うっとりする。

テツローさんのひとりごと

ゆで卵をむくと、いつも凸凹に……。（大将「ゆで終わったら、氷水とかで急激に冷ますんや。卵から熱がなくなるまでな。冷やすと中の卵が収縮して、殻と卵の間にすき間ができるねん。そのあとはめっちゃむきやすいで」）

KAORI

本能が求める「火の香り」で飲む

はじめての網焼き

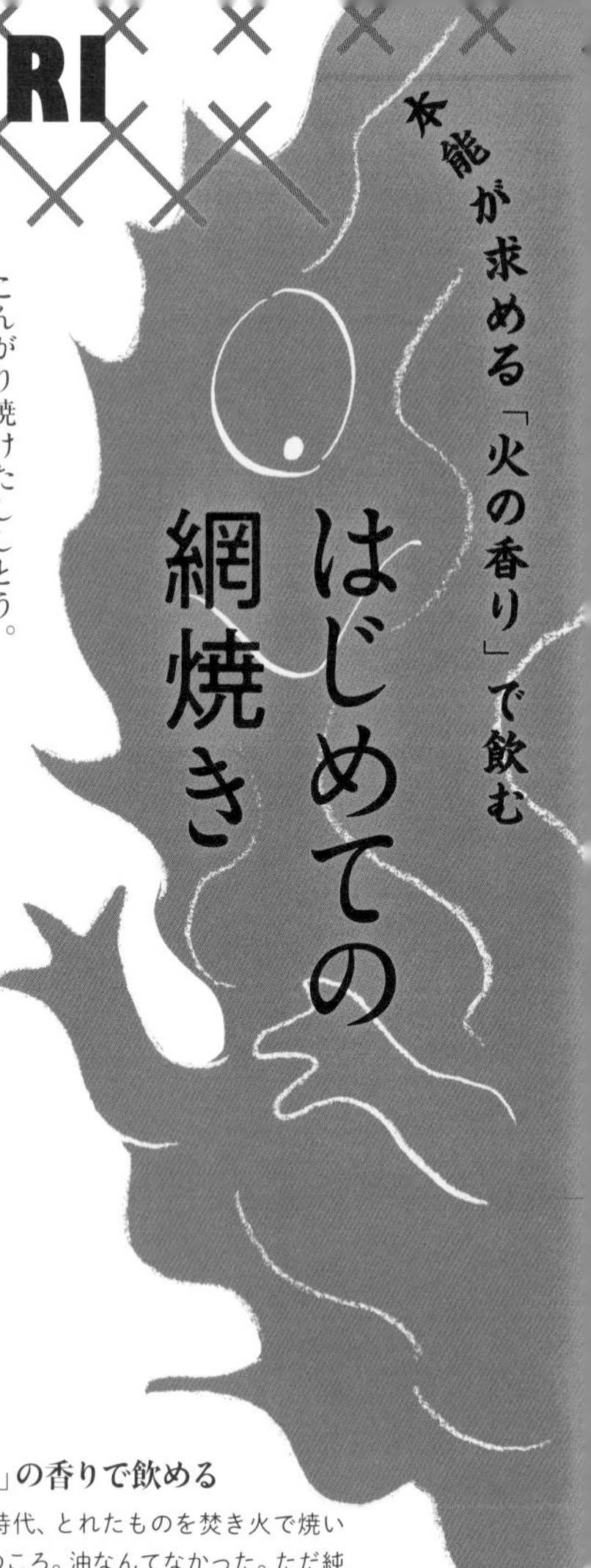

こんがり焼けたししとう。
噛むと「じゅわっ」があふれるしいたけ。
炙《あぶ》りたての熱々エイヒレ。旬のそら豆もほっくほく。
フライパンとは違った、
ワイルドで素朴な、幅のある香り。
それを生むのが「焼き網」だ。
「家にないからできないよ」という方も
酒好きならぜひ、一家に一台招いてほしい。
買ってみると拍子抜けするくらい
手軽に使えて、おいしさに驚く。
人類にとって、大きな転換点となった
「火」の発見。
炎とともに、今夜、
「香り」という肴をくれる。

①「素材」の香りで飲める

フライパンだと、器の中で焼けているようなものだけれど、焼き網を使うと、素材がむき出しの状態なので、水分が蒸発しやすい。水分がまんべんなく抜けることで「プチ干物化」して、素材のうま味がぐっと凝縮される。

②「皮」の香りで飲める

P47で紹介する「丸焼き」は、皮を真っ黒に焼く方法。こうすると、皮の焦げ臭《しゅう》が中身に移り、香りが複雑になる。さらに中が蒸し焼きになり、とろんと甘くなるのだ。

③「野生」の香りで飲める

狩猟採集時代、とれたものを焚き火で焼いていたあのころ。油なんてなかった。ただ純粋に、火の力だけで素材を焼いていた。その素朴な野生の香りを嗅ぐと、「晩酌」というより「酒盛り」っぽくなる。

◎どうやって使うの？

ガスコンロにのせて、中火で2〜3分熱してから焼く。IH対応の網もある。長く焼いて加熱防止センサーがはたらくときは、専用の補助五徳も必要。カセットコンロを使って、こたつや食卓で焼きながら食べるのもまたよし。小さなものをちょっとずつ焼いて食べるのがおすすめ。

◎煙は出ないの？

焼くものしだい。野菜なら、水分が蒸発するくらいで、それほど煙は出ない。しかし、肉や魚など、脂肪とタンパク質が多いものは、換気扇を「強」で回さなくてはならず、コンロも汚れる。いつまでも匂いが家に残ってしまうので、家を焼き肉屋さんにしたい場合以外は、焼かないほうがいい。どうしても焼きたければ、カセットコンロを使って、庭で焼こう。

◎どうやって片づける？

冷めたら、たわしでざっと洗って乾かす。縦にすると意外と幅をとらないので、収納にはそこまで困らないはず。

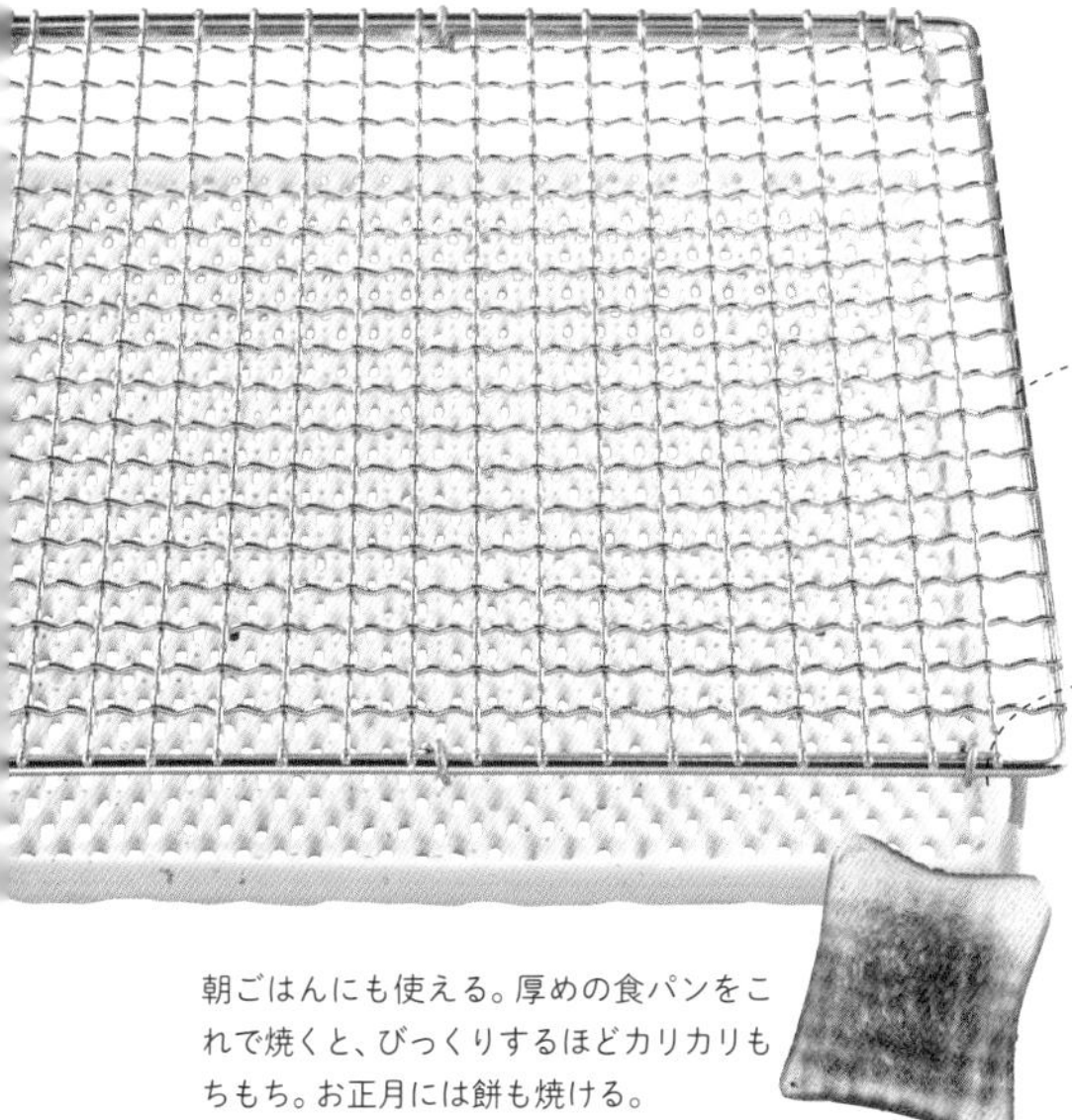

調理道具を扱うお店や通販で2000円ほどで買える。

おすすめは、下にセラミックがついたもの。熱効率がよく、全体に温まりやすい。セラミックがないタイプは、火のあたっている部分だけが焼けてしまうので、バーベキューにしか使えない。

サイズは15㎝角以上あると、いろいろ一気に焼ける。

朝ごはんにも使える。厚めの食パンをこれで焼くと、びっくりするほどカリカリもちもち。お正月には餅も焼ける。

焼き網一句
買う勇気　出なくてカートに　1か月

焼き方はこの2通り

一、炙り焼き

「炙る」とは、直火で表面を香ばしく焼く調理法。30秒くらいでひっくり返すと、まんべんなく熱があたり、水分が抜ける。返しすぎると熱がこもらないので、ひっきりなしに転がすのは厳禁。菜箸は焦げるのでトングを使って。しいたけもぜひ。

エイヒレ…5回返す

焼く前に、水と酒1:1に1分ひたしておく。変形してきたら返す、を繰り返す。ちぎって食べる。

油揚げ…4回返す

カリッと焼き色がついたら返しどき。

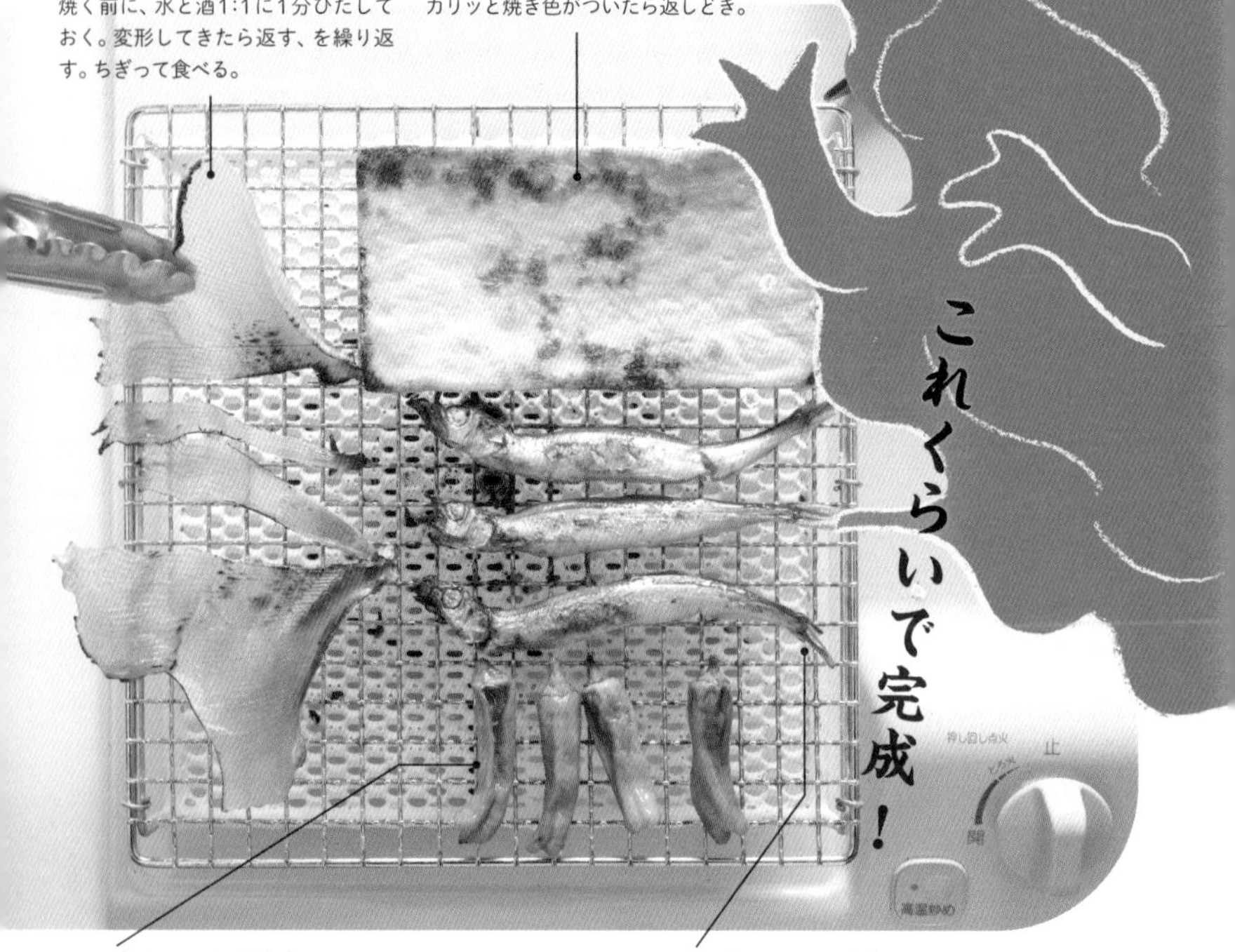

これくらいで完成！

ししとう…4回返す

焼く前に、油を絡めておく。焼き色がついたら返す。

ししゃも…4回返す

焼く前に、10分冷凍庫に入れる。すると薄い皮が網につきにくくなる。お腹から脂がにじみ出てきたら返す。

とくに合うお酒

二、丸焼き

丸ごとの素材にホイルをかけ、真っ黒に焦がしたら皮をむいて、中身を味わう調理法。皮の香ばしさが身に移り、甘みも増す。長ねぎ、そら豆、とうもろこしもおいしい。

—絶品焼きなすの作り方—

① 焼き網は**中火**で**5分**熱しておく。

② なす（2〜3本）は、ヘタのつけ根に包丁でぐるりと浅く切り込みを入れ、そこからガクをむく。

③ 縦に2本、中心近くまで深い切り込みを入れる。

④ 網になすをのせ、ホイルをかぶせる。ときどき返しながら火を強め、**10分**を目安に焼く。

⑤ まな板におき、トングでヘタのほうから手早く皮をむいて水気をふく。

ヘタの先は、取らないで。焼いて身がやわらかくなったときに扱いやすくなる。

トングではさむとしんなりして、切り込みから水分が出てきたら完成。

網でしか作れない！

器の上でキッチンばさみで切ってもいいよ。しょうがじょうゆとおかかが最高に合うんだ〜

KAORI

香りの「濃度」を変えて味わう

お刺身ミックスユッケ風

このユッケにたどり着くまでには、紆余曲折あった。本来ユッケは、「コチュジャン」という唐辛子みそを使う。ビビンバなどについている、甘くて辛い、あれだ。人はあの味を「ユッケ」と認識している。しかし……

コチュジャンを常備していない人のために、家にある調味料を組み合わせて、ユッケにできないか試してみた。でも、何かが、何かが足りない。そこで……。

みそを足してみた。すると、出た！ コクだ！ 安く買ったお刺身ミックスとは思えない、ひんやり甘辛い濃厚な香り。途中の形態もおいしかったが、なんやかんや最終的に9種類のアイテムを動員して「あの味」にたどり着くことができた。

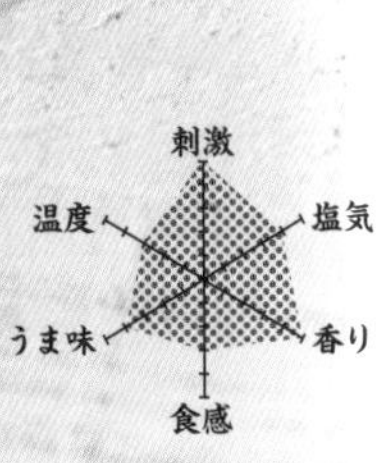

data

食べられるまで 5分

刺身はどこからユッケになれる？

材料

お刺身ミックス（サーモン・まぐろなど）…150g

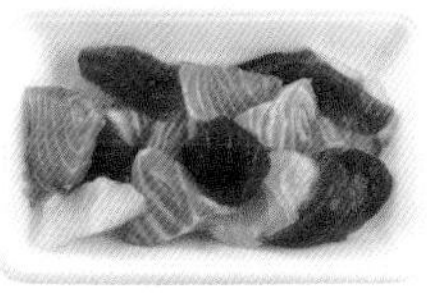

とくに合うお酒

淡

こうして合わせる

↓白の辛口なら合う

↓ハイボールにする

濃

第一形態

塩（小1/4）＋ごま油（小1）

ユ…？
ごま油塩味の刺身。おいしいけ

第二形態

塩（小1/4）＋ごま油（小1）＋にんにく（すりおろし・1/4かけ）＋しょうゆ（小1）

ユッ…ケ…
ユッケの光が遠くに見える

第三形態

塩（小1/4）＋ごま油（小1）＋にんにく（すりおろし・1/4かけ）＋しょうゆ（小1）＋しょうが（すりおろし・1/2かけ）＋みそ（小1）

ユッケ
「ユッケのようなもの」になった

第四形態

塩（小1/4）＋ごま油（小1）＋にんにく（すりおろし・1/4かけ）＋しょうゆ（小1）＋しょうが（すりおろし・1/2かけ）＋みそ（小1）＋追いごま油（小2）＋一味唐辛子（適量）＋ブラックペッパー（適量）＋卵黄（1個）

これは完全にお店で出てくるやつ
ユッケ〜〜

LABORATORY でもいい香り？

実験レシピ

最近では、チューブやパウダーなどさまざまな種類のにんにく調味料が幅を利かせている。それらははたして「生にんにく」に勝てるのか？　にんにく風味が軸になるおつまみ、ガーリックシュリンプで比較してみると……？

材料

食べられるまで 20分

- 殻つきえび…12尾（200g）（ブラックタイガーよりバナメイえびのほうが殻が薄いのでおすすめ）
- A
  - しょうゆ…小さじ1
  - 塩…小さじ1/2
  - ごま油…小さじ1
  - にんにく（すりおろし）…2かけ
  - ブラックペッパー…小さじ1
- 小麦粉…大さじ6
- サラダ油…適量
- レモン（くし切り）…1/4個

ここを変更！

作り方

1. えびは背に切り目を入れて背ワタを取る。Aを絡めて、**5分**おく。
2. バットに小麦粉を広げ、えびを入れて絡め、余分な粉をはたく。
3. フライパン（20㎝）に油を5㎜入れて、**中火**で**3分**熱する。えびを入れて少し火を強め**4～5分**、衣がカリッとするまで揚げ焼きにする。レモンを絞る。

えびの殻は、もともとは身だった部分。だから、香りとうま味がギュッと凝縮していておいしいのだ。まずは殻ごとバリッとかじって、気になるようならむきながら食べて。

data

とくに合うお酒

こうして合わせる

↓ハイボールにする

OTSUMAMI

にんにくはチューブ

レシピのにんにくの部分を、この3パターンで食べ比べた。

C	B	A
ガーリックパウダー（10ふり）	生にんにくすりおろし（20g・2かけ）	にんにくチューブ（20g・2cm）

結果

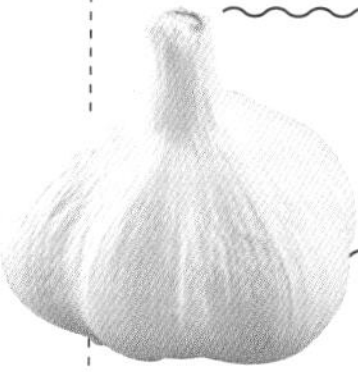

ぜんぶおいしい！

決断を放棄したわけではない。本当にぜんぶ違ったおいしさがあったのだ。

Aは最大公約数的なにんにくの香りがあり、最後まで余韻が残った。スペイン料理屋さんなどで出てくるような、白ワインを合わせたくなる味。ただ水分がやや多いため、衣が少しカリッとしづらかった。そのため火を強めて調整した。

Bは口に入った瞬間、ガツンとパンチのある香りがした。匂いに重さがあったわりに、不自然な余韻は残らずさっぱりとした後味。また、えびの甘みも感じられ、日本酒にも合うおいしさだった。

Cは完全に「スナック」。口に入れたときのカリッと感も相まって、にんにく味のお菓子を食べている感覚に近い。安っぽさもあるが、ガーリックシュリンプという、油多めの料理には意外と合っていて、炭酸強めのお酒がほしい味だった。

「本物のにんにくが勝つやろなと思ってたけどかなり個人のにんにく観によるな。本物って、なんやろ」

にんにくあるある
切ったあと、ずっと指の匂い嗅ぎがち。

KAORI

しょうゆの香りをきかせました
本当に飲める納豆オムレツ

納豆オムレツが、キマッたことがない人生だった。作れるけれど、つまみになっているのか少し怪しい。形もなんだかぐちゃっとする。このまま終わりたくはない。

「納豆には付属のたれを入れるもの」と体が勝手に動いていた。あれ? なんだか甘くてお酒に合わない。そうか。付属のたれは甘いのか! そこでたれは卵に加え、納豆側にはしょうゆを加えた。すると、キリッとした塩気で味にメリハリが生まれたのだ。やった!

やっぱりオムレツは形が命。できればきれいにまとめたい。そこで「包む」ではなく「折る」を試してみた。卵の手前に納豆をのせ、向こうからパタンと半分に折る。半月型のきれいなオムレツ。これなら誰でも作れる。やった!

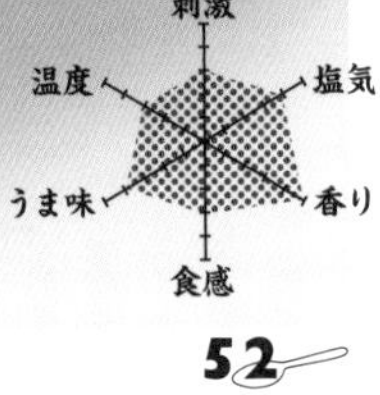

data

食べられるまで 10分

材料

納豆（小粒）…1パック（40g）
しょうゆ…小さじ2
卵…3個
サラダ油…小さじ1
バター…小さじ2

作り方

① 納豆に、しょうゆ、付属の辛子だけを加えてよく混ぜておく。
② ボウルに卵を割り、付属のたれを加え、箸先を立て、泡を立てないよう30回混ぜる。
③ フライパン（20㎝）に油を**中火**で**2分**熱する。バターを加え、溶けたら卵液を一気に注ぐ。
④ まわりが少し固まったら、ゴムべらで手早く20回混ぜる。**弱火**にし、納豆を手前半分にのせる。卵を向こうから折り、そのまま**2分**ほど焼く。

とくに合うお酒

納豆といっしょに カゴに入れたい3つの野菜

納豆オムレツは、「卵」という緩衝材《かんしょうざい》でくるむことで、納豆の強い香りをマイルドにしてお酒に寄り添わせている。卵のほかにも、左の3つの野菜を合わせればおつまみとして最適な香りに調節できるのだ。

長芋&納豆

焼酎がすすむ軽快な食感。追い辛子を入れると、長芋の粘りが切れ味よくなる。

納豆

アボカド&納豆

毎日食べたい濃厚納豆。納豆なのに赤ワインにも合う。

オクラ&納豆

回転寿司のネタでつい頼んでしまうオクラ納豆。意外や意外、その青っぽい香りが、ウイスキーに合う。

味つけはわさびじょうゆとかでいいですよ

おつまめ知識

「納豆」という文字は『新猿楽記』という平安時代の文献に最初に出てくるんだとか。当時は糸をひかない「塩辛納豆」とよばれるものだったらしい。

見た目100だが手間は1

スモークサーモンはセロリと

発表します。「すいかに塩」を超えた「普遍的ベストパートナー賞」は……

スモークサーモンに、セロリ!

では、皆様、授賞理由をお願いします。

審査委員長の二角《ふたつの》マリアージュ氏「北欧ではサーモンに『ディル』というハーブを合わせるのが定番。でもじつは、セロリにもディルと同じ香り成分が含まれているの。これを知っていた開発者に震撼しているわ」

続いて酒殿愛翔《さけとのあいしょう》氏「スモークサーモンってけっこう値が張るよね。でもこれなら少しでも満足できる。ちびちびと食べたい派もうれしい」

続いて味良抜群《あじよしばつぐん》氏「これは掴みから完璧ですね。サーモンの100gの使い方がいい。強い塩気を、セロリのみずみずしさが中和して、後半、食感のたたみかけもよかったです」

今一度、盛大な拍手をお願いいたします。

材料

- スモークサーモン（キングサーモンなど）…100g
- セロリ…1/2本（50g）
- セロリの葉…2〜3枚
- レモン…1/4個
- オリーブオイル…小さじ2
- こしょう…少々

作り方

1. セロリは筋を取り、斜め薄切りにする。葉は軽く巻いて、せん切りにする。
2. スモークサーモンをセロリに巻いて器に並べる。小さければ巻かずに和えても。
3. レモンは皮をむいて、いちょう切りにし、オリーブオイル、こしょう、セロリの葉とともに散らす。

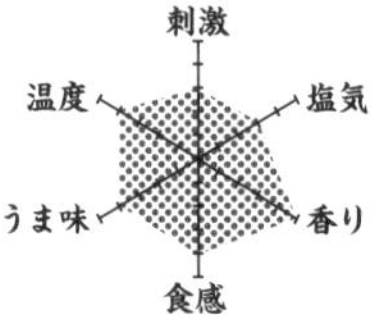

data

食べられるまで **5分**

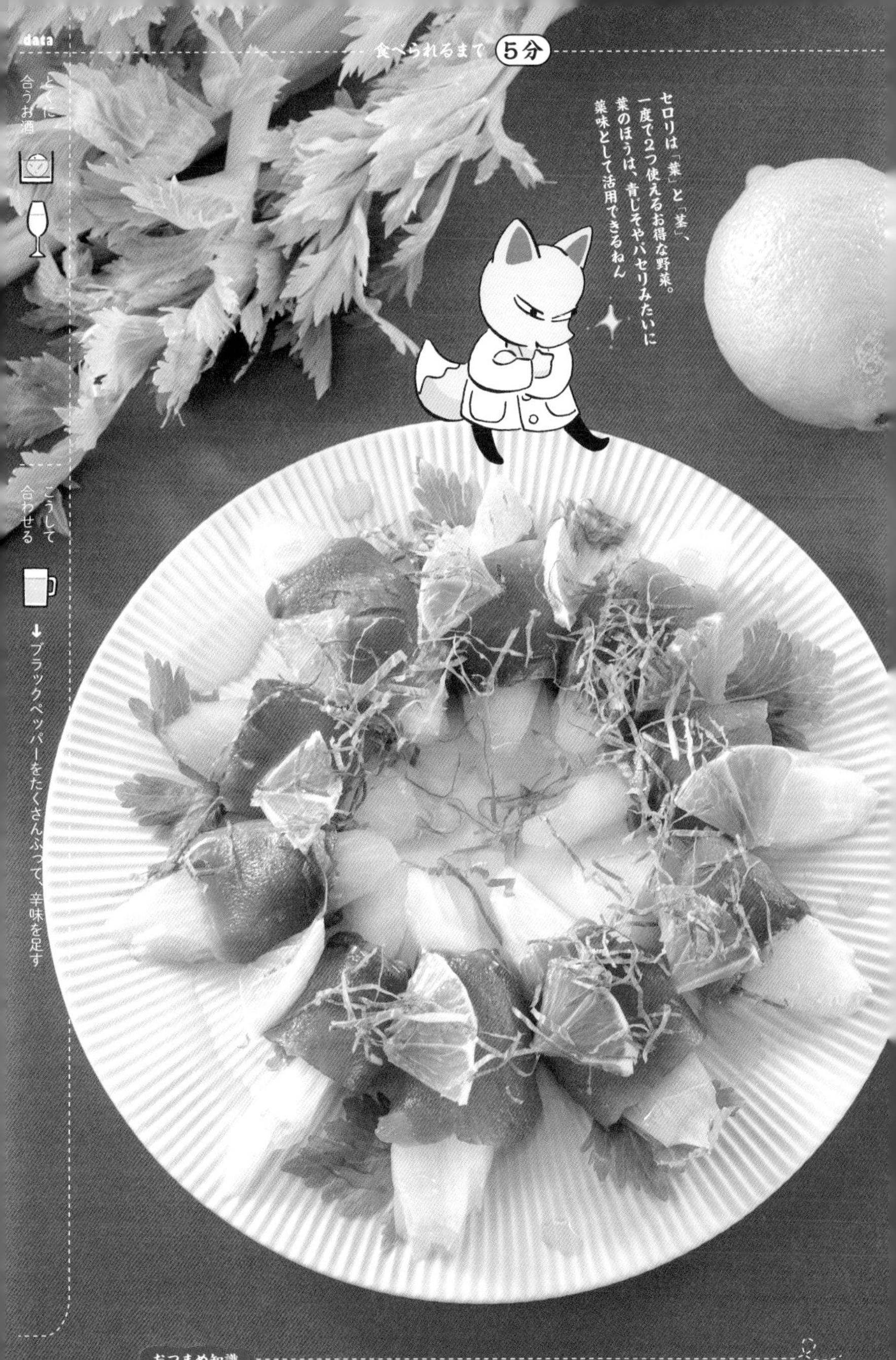

セロリは「葉」と「茎」、一度で2つ使えるお得な野菜。葉のほうは、青じそやパセリみたいに薬味として活用できるねん

とくに合うお酒

こうして合わせる

↓ブラックペッパーをたくさんふって、辛味を足す

おつまめ知識

葉が余ったら、こんな方法。細く刻んでP42の味玉の薬味にする。P120のアヒージョに足す。P134の焼いた塩豚にどっさりかける。セロリ特有の派手な洋風の香りは、よく冷えた「泡」に合いすぎる。

おつまみ実践日記「香り」

テツローさんが作ってみたら

6月12日

きのこバターを作ってみた。エリンギ、なんとなく凡庸なきのこだと思っていたが、輪切りにするとほたてのような食感で、新鮮なおいしさ。にんにくのパンチと合わさり、ビールがすすむ。エリンギ、ナメてた。

途中から、焼酎にしたのだけど、何か味を変えたくなって、青のりをかけた。想像以上に磯の香りがふくらんで「最初からかけておけば……」と後悔。いや、でも、エリンギのポテンシャルを味わってからでよかった。この調子だと、青のり、賞味期限までに使い切れる勢い。

6月18日

ついに、買ってしまった。焼き網だ。通販サイトで、簡単に買えた。正直、ほんとに使うのだろうか、と思ってしまい、カートに入れたまま1か月経ったのだけど、えいやっと買ってみたら、これが思った以上にいい。しいたけとししとうを焼いて、それから念願のエイヒレも焼いた。台所でこんがり焼いてから、食卓に網ごと移動させて食べたけど、居酒屋みたいな景色になった。こりゃ楽しい。

6月23日

スーパーに寄ったら、えびが安かった。

「バナメイえび」と書いてあったので、はじめて「ガーリックシュリンプ」を作ってみた。店で食べたときは、殻までバリッとうまかった。で、なんとなくマッシュルームを入れたら、水分が出てしまい衣がいまいちカリッとせず。やはりアレンジはまだ早かった。でも、それでも味がうまい。にんにくの味がする指をなめながらハイボールをぐっと。うん、口内炎があるとき以外は、殻つきがいいな。てか、口内炎あるときにガーリックシュリンプなんか食べるかい。そういえば、あのとき店で聞こえてきた「えびは、殻をむいたらつまらないわ」という地響きのような声は、いったい何だったんだろう？　あの店、まだほかに誰かいるんだろうか？　大将がちょっとおびえているように見えたけれど……。いや、気のせいか。

6月30日

昨日、はじめてちくわの磯辺揚げを自分で作った。揚げ物なんて、自分で作れると思わなかったが、揚げ焼きだったらできるんだ、ということがわかった。この、揚げたてのおいしいこと！　待ちきれず、台所でほおばりながら冷えたビールをぐいっとやると、銀麦のCMにでも出ている気分だった。あ、昨日の夜、なぜかこんな夢を見た。公園に土管みたいに大きなちくわがあり、引き寄せられるように穴の中に入ってみたのだが、えらい窮屈だった。やわらかいわけじゃないのか、と思った私は、ちくわを真っ二つに切り、えいやっと衣をつけて……と、このへんからあんまり思い出せない。夢の話は説明できない、とたしか川端康成も言っていた気がするが、これも夢かな。

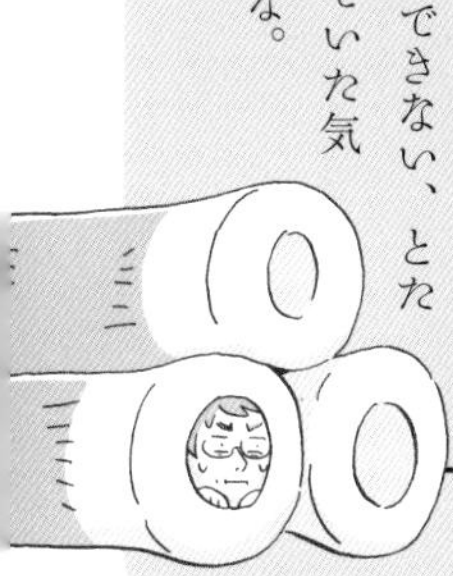

食感で飲む

どーーん
ザク
ザク
ザク
ザク
ザク
ゴク.
プハ〜〜!!
ハムカツ
ビール最高!
うまそうに
飲むねえ
ハムカツの
この…
脳がザクザク
にぎやかになる
感じがいい…
このキャベツも
パリパリで
やみつきに
なりますねえ
ザク
ザク
パリ
パリ
そう!
ザクザク、
バリバリ
今日の研究は
「食感」のおつまみや!

たとえばこれどっちがおつまみとして惹かれる?
A
パリパリ
カリカリ
ポリポリ
ねっとり
ザクザク
コリコリ
ぷりぷり
シャクシャク
プチプチ
シャバシャバ
とろとろ
サラサラ
プルプル
ふわふわ
B
僕はAかな!
Bはおかゆとかスープとかか…
飲めないこともないですけどね
そう!食感Aは水分量が多い、少ないっちゅうことが関係してる
ハムカツは水分量少ないですね
だからビールが止まらない
ゴクゴク
ん、キャベツは水分たっぷり…?
パリッ
キャベツはチェイサー!
え、チェイサー?
水の代わりっちゅうこっちゃ
アルコール飲むとトイレ近なるやろ?
どんだけ飲んでもナトリウムといっしょに水分が排出されてまう
たしかに!たくさん飲んだ翌日は喉カラカラで起きるときが多いです…
カラ
カラ

飲むときは水もたくさん飲めばいいわけやけど
でもキャベツに手がのびるお腹はけっこうふくれてるのに…
こっち!
それは「噛みたい」からや!
カチカチ
噛みたい…?
本来、咀嚼《そしゃく》することで満腹中枢《ちゅうすう》が刺激される
でもお酒飲んでたら咀嚼なしでも腹ふくれてまう
おなかいっぱい
おなかいっぱい
カミカミ
それでも噛みたい!って気持ちは止められへんねん
だからついナッツとか柿の種とかつまんじゃうんですね~
お酒の時間はリズムが大事!
ザワザワ
パパパパ
食感がええリズムを刻んでくれる
コリコリ!!
プチプチ
ねっとり
気を消そう
わー…
パチパチ
そういうのええから…
つづく

3連パックを一度に使う ザクザク8層ハムカツ

この断面を見てほしい。ミルフィーユ状になっている。これは、分厚いハムをガツンと使うのではなく、薄いロースハムを重ねたからこそできた層。このハムのやわらかさと対比して、衣の食感が際立つ計算だ。

横丁の小さなカウンターで、ビール2杯目くらいに頼みたくなるハムカツ。人は、加工肉というニセモノ感に、ホッとする日もある。

ザクザク!
ザク
ザク
ザクザクザクザク

衣のザクザクの秘密は「バッター液」にある。バッター液とは、小麦粉と水を混ぜた、どろっとした液体。これががっちりハムをガードして、食感のコントラストを生み出すのだ。溶き卵を使う方法もあるが、どうしてもふっくらしてしまう。

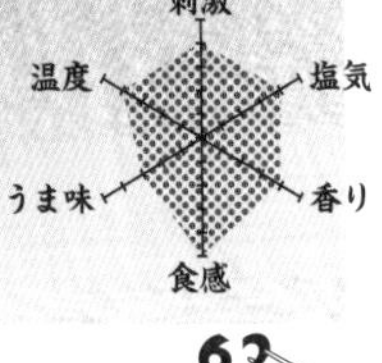
刺激
塩気
香り
食感
うま味
温度

data

食べられるまで **10分**

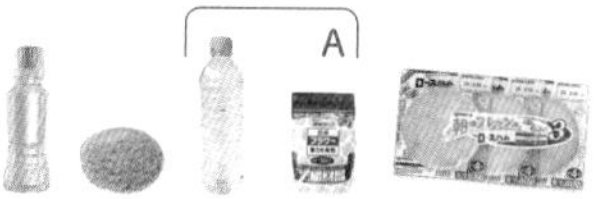

材料

ロースハム…4枚薄切り3連パック（12枚）

A
- 小麦粉…大さじ3
- 水…大さじ2

パン粉…大さじ12

サラダ油…適量

作り方

①ハムは4枚を半分に切り、さらに重ねる。3組作る。

②Aを混ぜてハムをくぐらせ、パン粉をつける。

③フライパン（20㎝）に油を1㎝入れて**中火**で**2分**熱する。②を入れて衣がカリッとするまで**2分**ほど、返して**2分**揚げる。

とくに合うお酒

テツロー

あの、すみません。ハムカツ作ろうと思ってスーパーに来たんですけど、乾燥パン粉と生パン粉、どっちを買えばいいんでしょうか？

大将

どっちもありですけど、乾燥パン粉がええと思います。賞味期限も長いし。粒が小さくて油切れがいいから、ザクッとなりやすいです。生パン粉は、粒が大きくて油をぎょうさん吸います。ボリュームが出て、カリッとしますね

ありがとうございます。人生ではじめてパン粉買うもんで…。ハムカツ以外に使い方わからないから、余っちゃいそうで心配なんですけど、とりあえず買ってみます

大丈夫です。パン粉は、粉チーズやと思ってください

粉チーズ !?

はい。粉チーズ感覚で使えます。たとえばパン粉とオリーブオイルとにんにくチューブを、きつね色のカリカリになるまで炒めてみてください

きつね色…

それをサラダとか、ゆで野菜にかけたらうまいんです。あとは、えび、ほたて、アスパラみたいな、表面がつるっとした素材で炒め物を作ったときに、最後に入れてみてください。そしたら、パン粉が調味料や油を吸って、素材に絡んでくれるんで、おいしくなるんです

なるほど！ すごい。さっそく買います！

3段階で食べる パリパリキャベツと守《しゅ》破《は》離《り》のたれ

守破離とは何か。それは、茶道や武芸などで、修業における段階を表す言葉。

「守」は、師から教わった型を守って覚える。「破」は、そこから一歩踏み出し型を崩す。「離」は、独自の動き方で新たに創造する。そんな3つのたれで、部位ごとに食べ分けるパリパリキャベツである。

① 何度も食べたい 守《しゅ》のたれ

マヨネーズ…大さじ2
粒マスタード…小さじ1
しょうゆ…小さじ½
外側はペロンとしていて薄いので、少し粘度のあるたれを。くるりと巻いて食べてもいい。

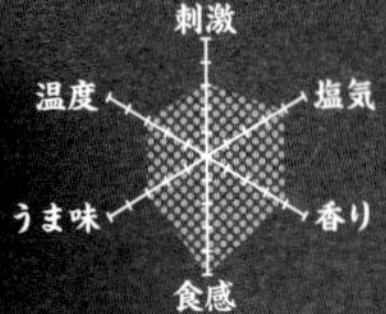

とくに合うお酒

キャベツをパリパリにするには、1/8に切って、全体を一度水にざっと通してから、芯の部分を水につけて20分くらい冷蔵庫へ。

キャベツには、胃の粘膜を守ったり再生をうながす「ビタミンU」や消化を助ける「ジアスターゼ」という栄養素が含まれている。

③ 離《り》のたれ

もはやたれじゃない

塩…小さじ1/4
粉チーズ…大さじ1
こしょう…5ふり
中心は水分が多く、葉がまとまっているので、液体ではなく粉をつけて。これで飽きずに最後までペロリ。

② 破《は》のたれ

何かが違う

しょうゆ…小さじ1
ごま油…小さじ2
辛子…小さじ1/2
内側はちょうどいいくぼみがあるので、サラッとしたたれをそこにのせて。辛味がツンときて、キャベツの甘みを感じる。

SHOKKAN♪

10cm☞ あれば、もう一品

長芋小鉢は歌う

長芋は100g

せん切り長芋

作り方

①長芋は皮をむき、5cm長さのせん切りにする。盛りつけてわさびをのせ、しょうゆをかける。

炒め長芋

作り方

①長芋は皮をむいて、5cm長さ8mm角の棒状に切る。

②フライパン（20cm）にごま油（小さじ1）を**中火**で熱し、長芋を広げて**2分**焼き、**1分**炒める。塩、こしょうをふる。

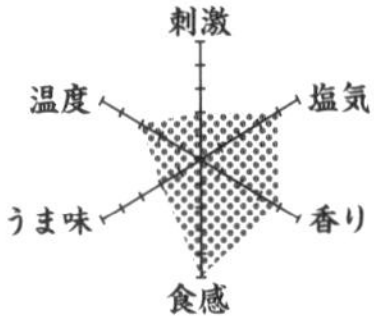

長芋のすべらない扱い

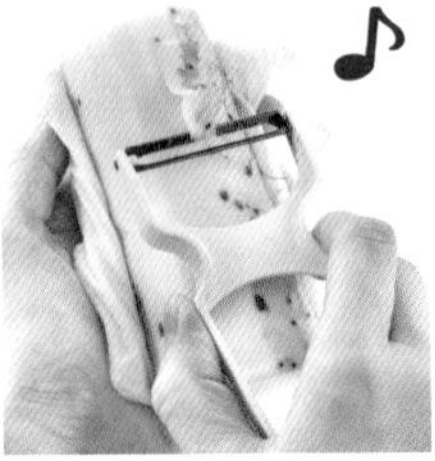

・まな板の上に、濡らしたペーパータオルをしいてから長芋をおくと、切りやすい。

・めんどうであれば、皮はむかなくてもいい。そもそもだいたいの野菜は、しっかり洗えば皮をむかなくても食べられる。長芋もしかり。

・とはいえ生で食べるときは、ちょっと気になるかもしれない。皮をむくときは、キッチンペーパーでくるみながらピーラーでむくと、手がすべりにくい。

食べられるまで 10分

揚げ焼き長芋

—作り方—

① 長芋はよく洗い、皮つきのまま1㎝厚さの輪切りにする。

② フライパン（20㎝）に長芋を入れごま油（小さじ1）を絡め**中火**にかける。**2〜3分**焼き、返して**2〜3分**焼く。しょうゆをかけ、わさびを添える。

マッシュ長芋

—作り方—

① 長芋は皮をむいて乱切りにする。耐熱ボウルに入れる。

② 水（大さじ1）、塩（少々）をふり、ふんわりラップをしてレンジで**2〜3分**加熱する。

③ 取り出して粗熱をとり、ラップごとつぶしてマヨネーズ（大さじ1）を混ぜる。青のりをふる。

このレシピ試作したとき
「まさか芋で飲めるとは！」
って声出たわ。
40㎝くらいの長いやつ
1本買うとくと、
10㎝ずつ毎日別の
つまみにできるで

とくに合うお酒

こうして合わせる

↓「炒め」「揚げ焼き」は油をバターに。「マッシュ」は生ハムをのせて

長芋一句
手がすべり　やる気がなくなり　もう寝たい

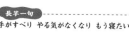

LABORATORY

実験レシピ

cmがおいしい？

かまぼこ。「板わさ」として食べてもよし、
油で焼いても弾むアテ。
どう食べたっておいしいのはわかっている。
が、その中でも「もっともおいしい」が
あるのではないか？
そう考えた我々は、切る際の幅を変えて
ベストな食感を噛み比べてみた。

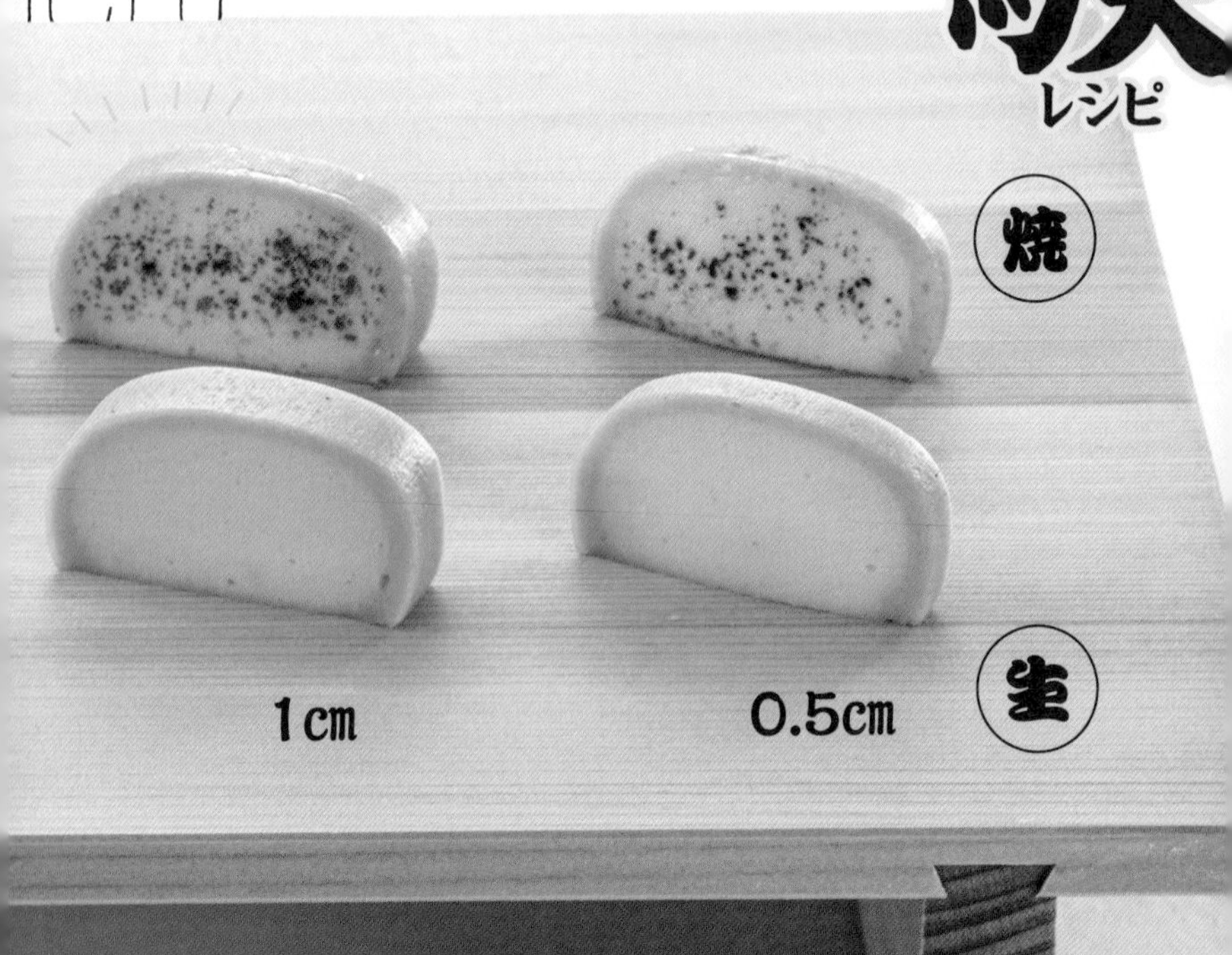

すごく「ちょうどいい」。焼いたほうは、香ばしさがしっかりあり「焼いたおいしさ」を味わえた。生のほうは「正しいかまぼこ」という印象。つまりもう1パンチほしい。

うどんにペラッと入っている、彩り要員のかまぼこの親戚みがある。おいしいけれど、おつまみと考えると歯触りが物足りない。

OTS MAMI

かまぼこは何

結果

生なら2cm、焼くなら1cm

data

とくに合うお酒

こうして合わせる

↓切り込みを入れてチーズをはさむ

信じられない厚み、いや、厚みというか、もはや立体。「食べる」というより「かじる」。さすがにやりすぎた。焼いてあるかどうかはもはや関係ない味わい。

迫力がすごい。ブリン、という一口目のアタック。衝撃。しかし、よく噛むからか、いつものかまぼこよりも後をひいて意外といける。焼きとかの意味はあまり感じられない。

おつまめ知識

かまぼこ板からかまぼこを外すときは、包丁の背を使うと、するっと取れる。気持ちいいけど、少しさみしい。

鼻先まで飛ぶ、水しぶき
サクサク生ピーマン

サクサクサクサクサク

じつは、ピーマンは生で食べられる。前歯でかじると、みずみずしいしぶきが、弾けて鼻先まで飛んでくる、そんな食感にするには……？

P150の実験を参考に、水につけて冷蔵庫に入れよう。つければつけるほど、ピーマン臭さが抜ける。

「サクサクというより、パリパリでは?」「いや、バリバリでは?」といった異論が所内でも出たのだが、生ピーマンという未知のおつまみに最初に遭遇する人が怖がらないように、なるべく軽快なオノマトペで表現させていただいた。

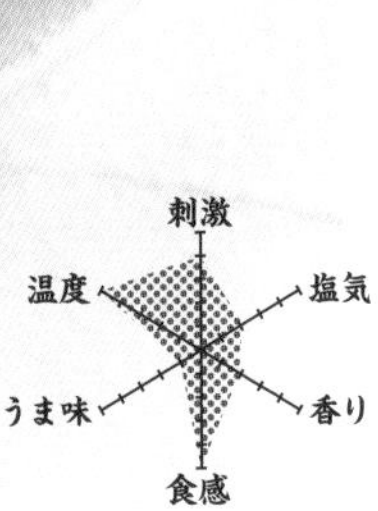

data

とくに合うお酒

こうして合わせる

↓ハイボールにする

生ピーマンVS強ディップ

材料

ピーマン…2〜3個

作り方

① ピーマンは縦半分にし、種を取る。できれば朝、水につけ、**6時間以上**冷蔵庫に入れておく。2〜3日つけておいてもOK。

クリームチーズ辛子じょうゆ

クリームチーズ…30g
しょうゆ…小さじ1
辛子…小さじ½

辛子の追い上げ？ 想像を超えるぜ

クリームチーズみそマヨ

クリームチーズ…30g
みそ…大さじ1
マヨネーズ…小さじ1

ピーマン、お前をフルーティーにしてやる！

にんにくみそ

みそ…大さじ2
にんにく(すりおろし)…½かけ

みそって、優しいだけじゃないのさ

しょうがじょうゆ

しょうゆ…大さじ1
しょうが(すりおろし)…¼かけ

チューブじゃダメ。すりおろすのよ！

食感も香りも
パワフルやから
マヨネーズとか塩やと
優しくて負けてまう。
互角に戦える
強いディップと
合わせてこそ、
おいしくなるんや

テツローさんのひとりごと

スティックきゅうりと大根スライスも同じ方法で試したら、パリッパリになってびっくり！ ビタミンCは抜けてるかもだけど、もういい。ビタミンは、ほかでとる！

SHOKKAN

気づけば夢中で「無」になれる

カリカリベーコンの没頭サラダ

カリカリカリカリ

カリカリカリカリ

「縁はカリカリ、中しっとり」。これが、サラダに合うベーコンの合言葉。チップのように、完全に水分をなくしてしまうと、野菜からこぼれ落ちてサラダとの一体感が出ないのだ。

ベーコン、野菜、野菜。ベーコン、野菜、野菜。カリカリの食感が頭蓋骨《ずがいこつ》に響いて、ワルツのリズムで箸がすすむ。「サラダは義務で食べている」という人にこそ、この没入感を味わってほしい。

サラダのよさを損なうのが、水気。ひらひらした葉の表面に水分がつくと、水の重量のほうが重くなる。「葉っぱではなく水を食べている人」にならないために、本当はサラダスピナーをすすめたい。

食べられるまで **28分**

とくに合うお酒

↓軽めの赤なら合う

材料

- 玉ねぎ…1/4個（50g）
- ベビーリーフ…大1袋（50g）
- ベーコン…2枚
- オリーブオイル…大さじ1
- 塩…小さじ1/4
- 酢…小さじ2
- こしょう…少々

冷水というのは冷蔵庫から出したての5℃前後の水のことです

作り方

① 玉ねぎを薄切りにする。ボウルに冷水を張り、玉ねぎとベビーリーフを**20分**つける。

② ベーコンは2cm幅に切ってフライパン（20cm）に入れ、**中火で3〜4分**カリカリに焼く。

③ 野菜は水気をよくふき、ボウルに入れる。オリーブオイルを加えて、手で全体に絡ませる。

④ そこに塩を加えて混ぜる。さらに酢、こしょうを加えてよく混ぜたら、器に盛り、ベーコンをのせる。

カリカリのないサラダには戻れない

健康のためにもサラダは食べたい。なのになぜ、食べられないのか？それは、カリカリがないからだ。そう、カリカリがないサラダは、猫のいないこたつみたいなものなのだ。

ミックスナッツ

フライドオニオン

クルトン

コーンフレーク

フライドガーリック

焼いたミックスチーズ

テツローさんのひとりごと

フライドオニオンとか、使い切れる自信がないんだけど……。（大将「カリカリしたもんは、水分が少ないから賞味期限も長い。あるとサラダは完全なる異世界になるから、めっちゃサラダ食べる人になれるで」）

スーパーで材料を仕入れて

家で焼き鳥屋さん

コリコリ、ぷりぷり、パリパリ。
鶏肉のいろいろな部位を、
最適な方法で調理する。
それが、焼き鳥屋さんのおつまみ。
家で作れば、あの「いい匂い」に
包まれて飲める。

ささみ梅わさび

「パサつく」イメージが強いささみ。
でも、油でコーティングしてから焼くと
しっとりジューシーになって驚く。
下味の塩は意外と大事で、省くと、
梅わさびの味がよそよそしく浮いてしまう。
串は刺さない場合も、同じくらいの時間焼いて。

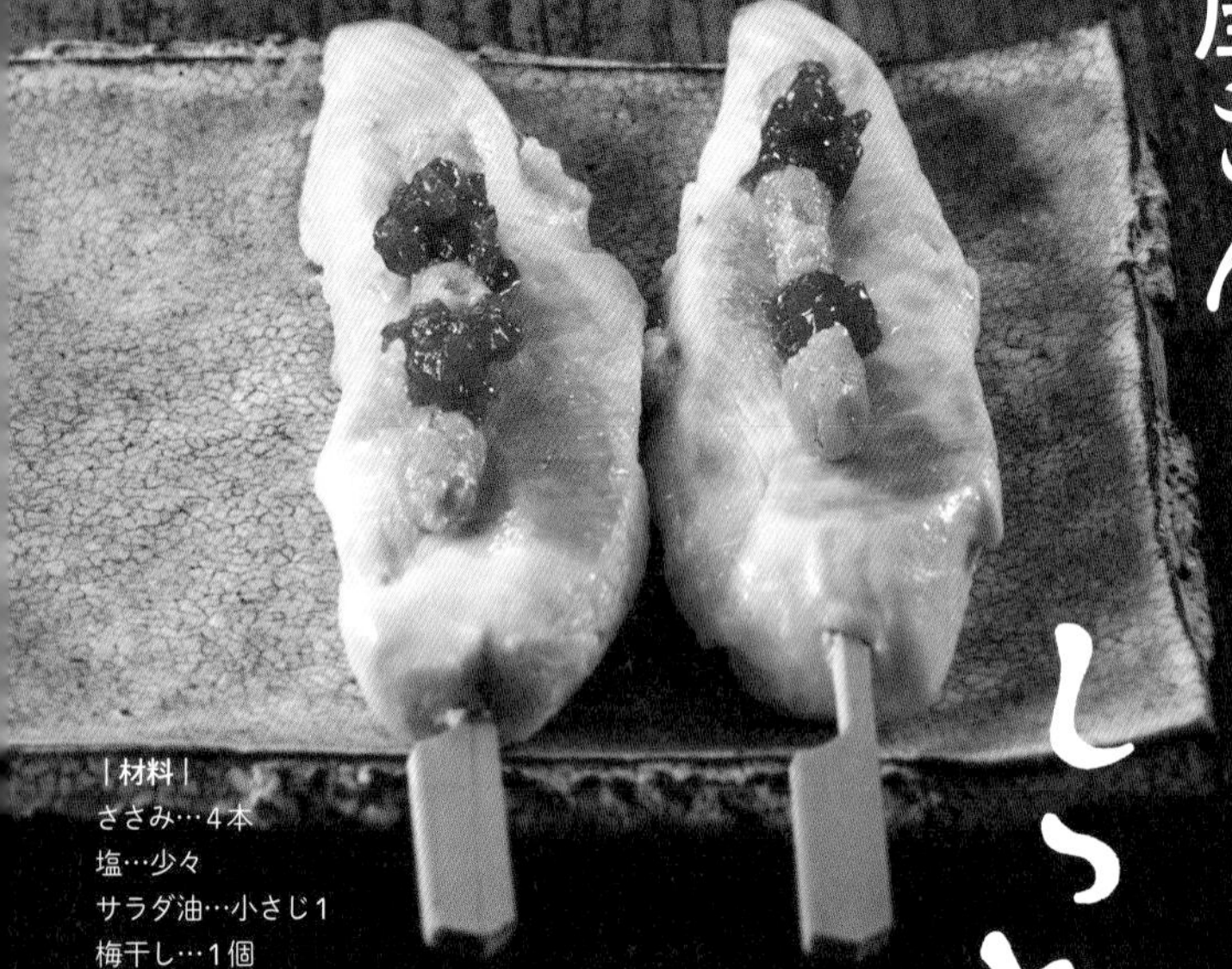

しっとり

|材料|
ささみ…4本
塩…少々
サラダ油…小さじ1
梅干し…1個
わさび…適量

|作り方|
①ささみはキッチンばさみで筋を取り、塩をふり、油を絡めて**10分**おく。串に刺す。
②フライパン（26cm）を**中火**で**30秒**熱し、ささみを入れる。焼き色がつくまで**4分**ほど焼き、返して**弱火**で**3分**ほど焼く。
③たたいた梅干し、わさびをのせる。

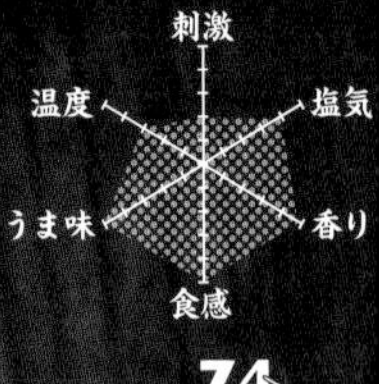

data

とくに合うお酒

こうして合わせる

↓ハイボールにする

↓軽めの赤なら合う

食べられるまで 15～100分

やきとり

鶏つくね

お店で出てくるつくねには、よく鶏の軟骨が入っている。でも家で軟骨を扱うのはなかなか大変。なので、代わりにえのきを使って、あのコリコリ感を再現した。

|材料|

えのき…1パック（100g）
塩…小さじ¼
A 鶏ひき肉（もも）…150g
｜小麦粉…小さじ1
サラダ油…小さじ2
B 砂糖・しょうゆ…各小さじ2
｜水…大さじ2

|作り方|

①えのきは1cm幅に切る。ボウルに入れ、塩を絡める。
②Aを加えて**1分**練り混ぜる。6等分して平らな円形にする。
③フライパン（26cm）に油を入れて②を並べ**中火**にかける。**5分**ほど焼き、色がついたら返して**3分**焼く。
④余分な脂をふき取り、Bを回し入れて**1分**煮絡める。

手羽先焼き

皮がパリッパリに焼けた手羽先。あれを作るには、まず一度しっかりゆでること。すると皮の中の水分が、均一に抜ける。うま味の詰まったゆで汁は捨てないで。P178の雑炊に使おう。

|材料|

手羽先…4～6本
塩…小さじ½
サラダ油…小さじ1
しょうゆ…小さじ2
七味唐辛子…少々

|作り方|

①手羽先は、塩をまぶし**10分**おく。
②鍋（20cm）に手羽先を入れ、4カップの水を注ぎ**中火**にかける。煮立ったら**弱火**で**10分**煮る。
③鍋から取り出す。フライパン（26cm）に油を塗り、手羽先をフライパンの縁に沿わせるよう並べ、**中火**にかける。
④皮がパリッとするまで**3分**ほど焼き、返して弱火で**3分**ほど焼く。しょうゆを絡め七味をふる。

やきとら

塩レバーオイル

レバーなんて買ったことない、という方は、
どうか一度その火を飛び越えてみてほしい。
自分で調理したレバーの、おいしいこと！
ポイントは、火を止めて60分待つこと。
これで中まで火が通るのに、
ねっとりした食感になる。
冷たいままでもいいが、フライパンでサッと炒めて
あったためると、むちっとしておいしい。

ねっとら

|材料|
鶏レバー…250g
塩…小さじ2
A ごま油…大さじ3
しょうゆ…大さじ1
サラダ油…大さじ6〜7（かぶるくらい）

食べても大丈夫
なんだけど
一応ね

|作り方|
①レバーは水に**10分**つけて取り出し、脂肪や血を除いて4㎝角に切る。
②レバーに塩を絡め、**30分**おく。常温でOK。
③鍋（20㎝）に、5カップの熱湯をわかし、水気をきったレバーを入れて**弱火**で**3分**煮る。ふたをし、火を止めて**60分**おく。
④取り出して水気をきり、保存容器に移し、Aを注いで粗熱をとる。7日ほど持つ。

ぷりぷり

鶏皮ポン酢

コツは、ゆでたらすぐに取り出さず、粗熱がとれるまでおく。するとプリッと口の中で踊る食感が生まれる。皮つきの鶏肉を買って、皮のほうだけ使っても。

｜材料｜

鶏皮…3〜4枚（100g）
ポン酢…大さじ2
細ねぎ（小口切り）…2本

｜作り方｜

①3カップの熱湯をわかし、**中火**で鶏皮を**5分**ゆでる。火を止め、粗熱がとれるまでおく（60分以内にとれる）。
②取り出して水洗いし、細切りにする。ここまでして冷凍してもOK。
③ポン酢を絡め、細ねぎを散らす。好みで大根おろしをのせる。

砂肝のしょう油煮

砂肝。まさか家で調理できるのかと不安になる人も多いだろう。でも、大丈夫。砂肝は、手羽先と同じくらい雑に扱っていい。下処理もいらないし、白い部分は筋なので、ちょっと硬いけどめんどうならそのままでも。

コリコリ

｜材料｜

砂肝…350g（正味250g）
A しょうゆ・ごま油・酒…各大さじ2
　酢…大さじ1
　砂糖…小さじ2

｜作り方｜

①砂肝は白い部分をそぎ、大きければ半分に切る。
②小鍋に砂肝とAを入れて**中火**にかける。煮立ってきたら上下を返し、**弱火**で**8分**煮て火を止める。

「長さ」はお酒を愉快にする ポリポリごぼう15cm

材料

ごぼう…1本（150g）

A
にんにく（すりおろし）…1かけ
しょうゆ…大さじ2
砂糖…小さじ1

小麦粉…大さじ4
小麦粉…適量
サラダ油…適量
ブラックペッパー…適量

作り方

① Aをバットに混ぜておく。
② ごぼうはよく洗い、15〜18cm長さに切り、6〜8ツ割にする。水にさらさず①に漬けて**10分**おく。
③ ごぼうに小麦粉（大さじ4）をふり、全体を絡めて**5分**おく。
④ バットに小麦粉（適量）を広げ、ごぼうを1本ずつ絡める。
⑤ フライパン（26cm）に油を1cm入れ、**中火**で**3分**熱する。
⑥ ごぼうを1本ずつ入れ、**7〜8分**転がしながら揚げ焼きにする。火を**強め**、衣が硬くカリッとなるまで**1〜2分**揚げる。ブラックペッパーをふる。

ポリポリとした食感を生み出すコツは、ごぼうを下味につけて脱水させること。そして、小麦粉を2回使って、衣を厚くすること。少ない油でもただよう揚げ物らしい香りと、じゅわじゅわした音を味わいながら、気長にじっくり揚げよう。

長いもんって、楽しいやん？
ほら、フライドポテトの長いやつとか。
だからとにかく長くしたかってんけど
家のフライパンでできる
最大の長さが15cmやったねん

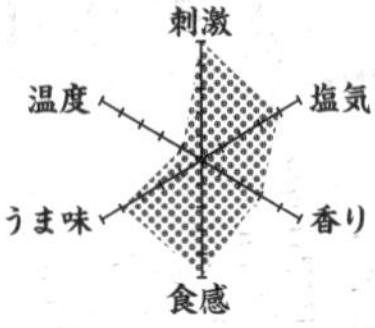
刺激
塩気
香り
食感
うま味
温度

食べられるまで 25分

根菜類は、
赤ワインに合うものが
多いような気がする。
土つながりかしらね

data

とくに合うお酒

ごぼうは食物繊維がたっぷりなので、アルコールの吸収をゆっくりにしてくれる。塩分を排出してくれる栄養素、カリウムも含まれている。

おつまめ知識

ごぼう、じつは日本以外で食べている国はほとんどない。

LABORATORY

から揚げは作れる？

実験レシピ

ビールがぐいっぐいすすむような
冷めても衣がガリガリのから揚げが食べたい。
そう思い立った我々は、何度も実験を
繰り返した。すると、
行き着いたのは「粉」であった。

材料

- 鶏もも肉…1枚（250〜300g）
- A
  - しょうゆ…大さじ1・1/2
  - 砂糖…小さじ1
  - しょうが（すりおろし）…1/2かけ
- 小麦粉…大さじ2
- 片栗粉…大さじ4
- サラダ油…適量

ここを変更！

作り方 食べられるまで 25分

① ボウルにAを入れておく。

② 鶏肉は、余分な脂肪を除いて筋を切り、1枚を8等分に切る。①に入れ、水分が少なくなるまで**1分**よくもむ。

③ **小麦粉（大さじ2）**を入れてよく混ぜ、**10分**おいて味をなじませる。

④ さらに**片栗粉（大さじ4）**をふり入れて、握るように衣を絡める。

⑤ フライパン（20㎝）に油を1㎝入れる。**中火**で**3分**熱し、肉を一度に入れる。火を**強め**にし、**3分**ほど待つ。さわらない。

⑥ 上下を返して、**2分**ほど待つ。さらに**強火**で**2分**、衣がガリッとなるまで揚げる。

たくさん揚げたいけど
1枚分のほうが
ガリッとなりやすいよ

冷めても衣がガリガリの

とくに合うお酒

こうして合わせる

↓
青のりをかける。大根おろしを添える

揚げて20分後…

B
片栗粉のみ

A
小麦粉のみ

D
③片栗粉（大2）
④小麦粉（大4）

C
③小麦粉（大2）
④片栗粉（大4）

*右のレシピ通り

結果

2つの粉を使えばできる

冷めてもいちばん食感が残っていたのはCだった。肉汁がジューシーで、ガリガリが続いている。小麦粉は水分を抱き込む性質があるため、鶏肉をジューシーにしてくれる。一方、片栗粉は水分を離す性質があるため、仕上がりがカリッとし、油切れもよくなる。だから冷めてもベチャッとならない。

Dも2つの粉を使っているが、ガリガリというより、ボリボリした衣に。粉をつけるとき衣が肉から離れてしまい、焦げも出てしまった。順番を変えるだけでこんなに違うとは。

Aは少し衣がしっとり。ただ、お弁当屋さんのから揚げっぽくて悪くない。

Bはいわゆる竜田揚げで、軽いサクッと感はあるものの、衣の食感がそれほど強いわけではなかった。

テツローさんのひとりごと
生まれ変わったら、飲み会のとき、勢いよくから揚げにレモンをかけられる人生にあこがれる。

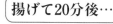

罪悪感はない。食感はある。

しらたきのぷりぷり、えのきのコリコリ、明太子のプチプチ。この三拍子が絶えず口の中で音を奏でる低カロリーなお通し。「噛んでる実感」と、明太子の熟成された塩気は、The 肴。

しらたきの「アク抜き不要」にだまされないで。アクは抜けていても、特有の匂いは残っているので、下ゆでは絶対必要。そのほうが水分も早く飛ぶ。

お通ししらたき明太

食べられるまで 10分

材料

しらたき…150g
えのき…1パック(100g)
明太子…½腹(30g)

A
酒…大さじ1
塩…小さじ¼
ごま油…小さじ½

作り方

① しらたきは熱湯で**2分**ゆでてざるにとる。キッチンばさみで、ところどころ切る。

② えのきは長さを3等分に切り、ほぐす。明太子は細かくちぎる。

③ Aをフライパン(20㎝)に入れて**中火**にかけ、ふたをする。煮立ったらふたを取り①②を入れて、水分が飛ぶまで**5～6分**炒りつける。

おつまみあるある
明太子を皮から出すとき、出しきれず残ってしまった命について考えてしまう。

飲みたくなったら即レンチン

油揚げチップス

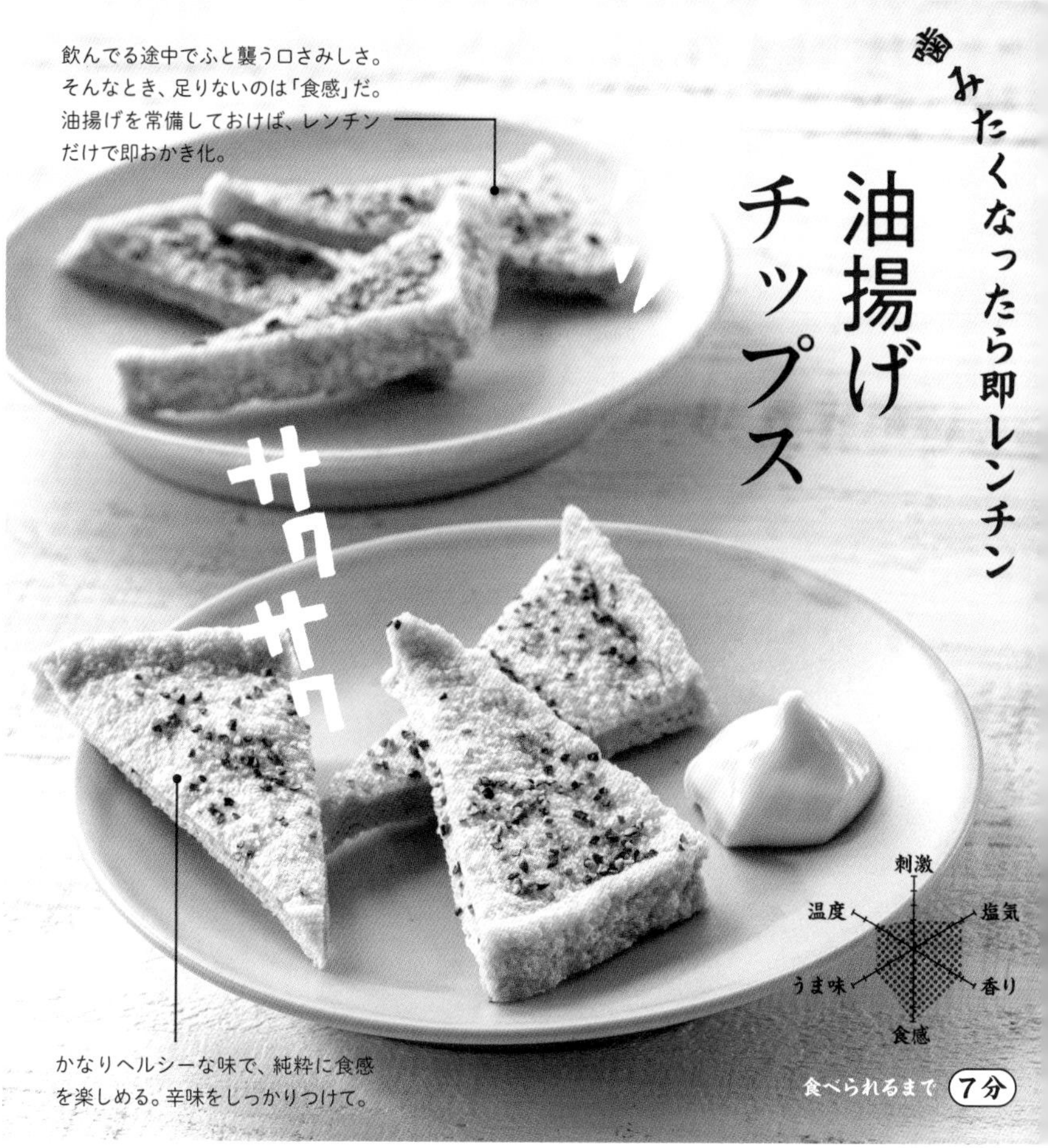

飲んでる途中でふと襲う口さみしさ。そんなとき、足りないのは「食感」だ。油揚げを常備しておけば、レンチンだけで即おかき化。

かなりヘルシーな味で、純粋に食感を楽しめる。辛味をしっかりつけて。

食べられるまで 7分

材料

油揚げ…1枚（20g）

塩…4つまみ

ブラックペッパー…少々

七味唐辛子…少々

マヨネーズ…適量

作り方

① 油揚げは三角に切る。

② ラップをせず、塩をふってレンジに**5分**かける。

③ ブラックペッパー、七味をふり、マヨネーズをつけていただく。

おつまみ実践日記「食感」

テツローさんが作ってみたら

7月7日

会社で辻さんから「お中元のおすそわけです」と、いつもは飲まない銘柄のビールをもらった。「クラフトビール」っていうやつか。パッケージもおしゃれで、若返った気分。最近は、いろいろ種類が増えてるが、どれを買っていいかわからない。「軽くてフルーティーですよ」と辻さんが言うので、自分一人だと絶対作らない、カリカリベーコンのサラダに合わせてみたら、まあうまい。サラダって、コンビニのを買って義務感で食べてたけど、こんなにうまいのか。音が心地よくて夢中で食べてたらあっという間になくなった。食感の力はすごい。大将から聞いた「フライドオニオン」ってやつも買ってみて、カリカリの在庫を増やしてみよう。そうしよう。

7月14日

昨日の夜、飲みながらサクサク生ピーマンの準備をしたので、今日は家に帰るのが楽しみだった。ルンルン気分というやつか。朝ピーマンを切るのは至極めんどうなのに、飲みながらだと楽しいのはなぜだろう？ たぶん、調理することが「肴」になってるからだ。そして生ピーマンには驚いた。なんというか、今まで知っていたピーマンとは別人だ。青椒肉絲《チンジャオロースー》に入っていたピーマン。ピザに申し訳程度にのっていたピーマン。苦味のアクセントになっていたあいつとは違って、完全な主役だった。青臭さは薄れ、生命力のある食

感とみずみずしさが前面に出ている。なんか、かじってると元気がわいてきた。べつに疲れてたわけじゃないんだけど。元気が有り余っていたので、明日のピーマンも仕込んでおいた。

7月18日

今日は、なんだか頭が疲れて、なんにも作る気になれなかった。キャベツのたれさえ混ぜる気にならない。こういう日もある。カップラーメンと缶ビール1本。録画しておいたお笑い番組が、今日の肴。

7月26日

スーパーに行くといつも「ささみって安いな。ヘルシーだよな。買いたいな」と思うんだけど、「……淡白なんだろうな」と思って手がのびなかった。だけどいざ、ささみ梅わさびを作ってみると、「ははっ」できたてを一口食べて、笑ってしまった。なんだこれ。やわらかい。ささみに肉汁なんてあったの？ と思わず見つめてしまうジューシーさ。途中、フミコから電話がきた。むこうでも友達ができて、楽しくやってるようだ。第二の人生、ってやつか。電話が終わったら、すっかりささみが冷めている。できたてのほうがうまかったな、と一瞬がっかりしたが、硬さをよく噛んで飲み込むと、そのあとの焼酎が、いつもより沁みた。

塩気で飲む

はい
おまちどう
ん！
この枝豆
うまい！
おおきに
味が
ピタッと
決まってる
ただゆでるだけでも
こんなに違うんですね
ただ
ゆでるだけ…？
ア…
ド
枝豆は奥が
深いんや
塩もみしたり
塩分濃度５％の
お湯で
ゆでたりな
すんません
塩分が
大事ってこと
ですかね？
おつまみと
塩分は
切っても
切れへん関係や
アルコールを
飲む
ジャー
TOILET
利尿作用で
水分とナトリウムを
排出
…
ナトリウムが
足りない…
だから
塩気のあるもの
ほしく
なるんだ

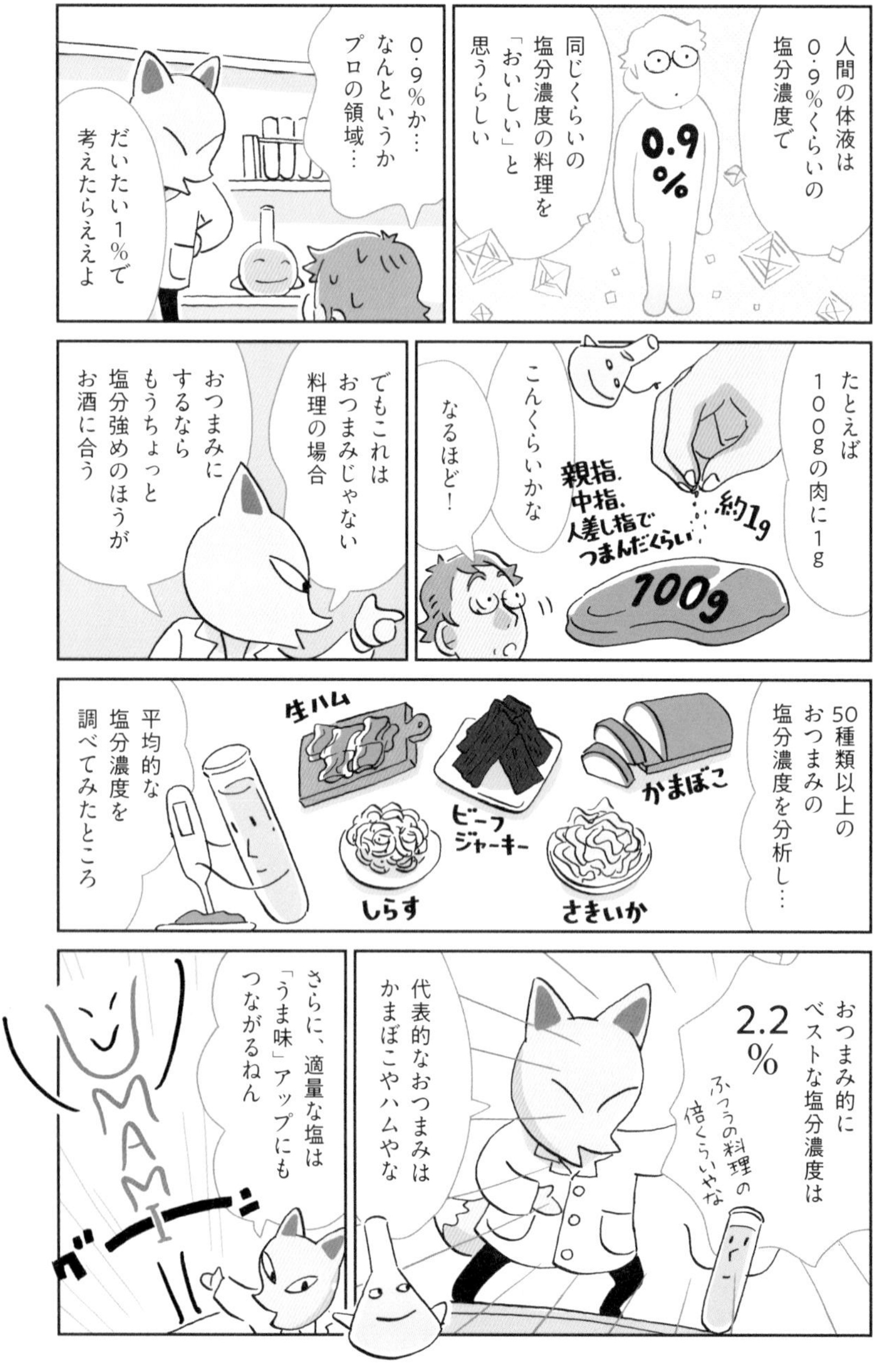
人間の体液は0.9％くらいの塩分濃度で
0.9％
同じくらいの塩分濃度の料理を「おいしい」と思うらしい
0.9％か…なんというかプロの領域…
だいたい1％で考えたらええよ
たとえば100gの肉に1g
親指、中指、人差し指でつまんだくらい
約1g
100g
こんくらいかな
なるほど！
でもこれはおつまみじゃない料理の場合
おつまみにするならもうちょっと塩分強めのほうがお酒に合う
50種類以上のおつまみの塩分濃度を分析し…
かまぼこ
ビーフジャーキー
生ハム
さきいか
しらす
平均的な塩分濃度を調べてみたところ
おつまみ的にベストな塩分濃度は
2.2％
ふつうの料理の倍くらいやな
代表的なおつまみはかまぼこやハムやな
さらに、適量な塩は「うま味」アップにもつながるねん
UMAMI
グーーー!!

※WHO…世界保健機関

だし汁そのまま飲んでもほんのりした香りくらいやけど
ほんのり
塩を少し入れたらうま味がぐっと引き立つ
塩分は魅力的…ただ
塩分とりすぎが気になるお年頃でもあるんですよねぇ
わかるよ
WHO※は一日5g未満を推奨してる
小さじ1杯よりちょっと少ないくらいやな
一日にか～
朝昼も塩とること考えると、なかなか厳しいですね
朝
昼
昼はラーメン行っちゃう時ある…
だから、少量でも塩を感じやすい工夫もしてる
この梅きゅうもそうや
きゅうりと和えずに上にのせることで少量の梅干しでも舌にダイレクトに届きます。
ほかもいろいろと、ね
塩をとりすぎず、でも塩のおいしさを存分に味わえる
少量でも満足感がえられるよう、食感をプラス
素材の香りやうま味を引き出すように塩を使う
大将…
僕の健康も気遣って…
この梅きゅういい塩梅です
ほめても何も出えへんで～
つづく

SHIOKE

箸先に、ちびちびのせて 3種の梅きゅう

人生で毎日「ああ、梅きゅうが食べたい」と思うことはほぼないだろう。しかし、この写真を見て、ゴクリと唾を飲んだなら、食べたほうがいい。あなたは今日、梅干しを欲しているのだ。きゅうりには余計な塩分を排出するカリウムも含まれているから、梅干しの相棒に最適なのだ。

きゅうりは切る前に「板ずり」をする。ひとつまみの塩をまぶし、まな板でごろごろ20回。すると、浸透圧で表面の青臭い水分が抜ける。邪魔者はいなくなり、梅干しの香りが引き立つのだ。

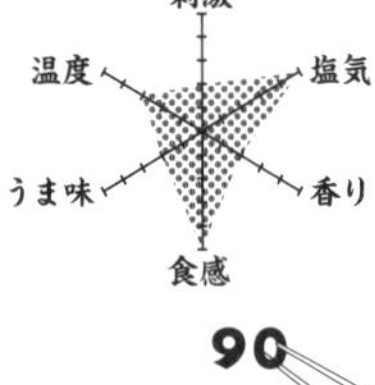

梅干しは「みそ」だと思って使う

梅干しの塩分ってご存じですか? だいたい13%くらいなんです。これって、なんと、みそと同じくらいなんですよ。まあ、最近は減塩タイプも多いですし、地域によっても違いますけどね。

　じつはね、「みそと合う」と言われるものって、梅干しとも合うんです。たとえばほら、ふ

data

とくに合うお酒

こうして合わせる
↓クリームチーズをいっしょにのせる

食べられるまで **5分**

世にあふれる「梅きゅう」の多くは、梅ときゅうりを和えている。悪くはないが、浸透圧できゅうりの水分が出てきてしまう。だから、きゅうりは斜め薄切り、食べる直前に梅干しをのせて。これできゅうりがクラッカーのようにパリッとかじれる。

梅おかか

梅干し1個（20g）にしょうゆ（小½）、削り節（½袋）を混ぜる。昔食べたおにぎりの具みたい。今手に持っているのは、おちょこだけれど。

梅みそ

梅干し1個（20g）にみそ（小1）を混ぜる。夏の、青々しいきゅうり畑が頭をよぎる。コクしょっぱい風味。

梅わさび

梅干し1個（20g）にわさび（小1）を混ぜる。わさび多めで、思わず鼻のつけ根をおさえる。梅干しが甘い。

ろふき大根ってあるでしょ？　あれも、みそだれじゃなくて、たたいた梅干し、合いますよ。あとは肉野菜炒め。さっぱりして美味ですよ。

でね、13％の塩分濃度だと、1個あたり塩は小さじ1/3（2g）くらいなんですよ。あ、今「多いな」って思いました？　でもね、ふつうの塩を使うことを思えば、梅干しは体にいいですよ。クエン酸が、疲れの原因になる乳酸を排出してくれますしね。昔は薬として使われてたくらいですから。だから梅干しは調味料としてガンガン使いましょう！

テツローさんのひとりごと

梅干しの種って、何かに使えそうだな～と思うんだけど、結局捨てちゃう……。（大将「びんに集めて、しょうゆ入れといたら、梅じょうゆになるで！ 長芋にかけてもうまいねん」）

LABORATORY

枝豆のゆで方は?実験レシピ

枝豆は、じつはけっこう難しい。口に入れてすぐに「これこれ!」と塩気が決まった枝豆にするにはどうすればいいか? 4つのポイントに絞って実験を繰り返した。

材料

食べられるまで 20分

枝豆(さやつき)…200〜250g

塩…大さじ2

枝豆は、よく洗ってボウルに入れる。塩(大さじ2)が半分溶けるくらいまでもみ、うぶ毛を取る。

① さやの両端を

切る

切らない

豆にはあまり味がしみておらず、物足りない印象。口の中が皮でいっぱいで、すぐに豆に到達しない。

② 塩もみを

する

しない

最初に口にあたるさやの部分の味が薄い。うぶ毛のワサッとした口あたりも気になる。

data

とくに合うお酒

こうして合わせる

↓ハードチーズと交互に食べたり、粉チーズをかける

↓ハイボールにする

OTSUMAMI

一口目で味が決まる

パーフェクト!

③ 鍋(20cm)に2cm深さまで水を注ぎ、**強火**にかける。煮立ったら、枝豆を塩ごと入れる。

④ ふたをして**中火**で**1~2分**ゆで、**弱火**にしてさらに**3~4分**ゆでる。ざるにあげて水気をきる。

水の量は

少なめ ← 水は約600ccになるので、約5%の塩分濃度になる。

たっぷり 湯をわかすまで時間がかかり、塩気も弱い。

火加減は

弱火 ← 弱火にすると、野菜の酵素《こうそ》が活性化され、甘みが引き出される。

強火 強火でゆでると、なんとなく甘みと香りが弱い感じがした。

結果

塩分濃度5%の湯でゆでる

究極の枝豆を食べたかったら上の4つのポイントを守ること。それが一口目の感動への近道や

と、上には書いたが、じつはただ5%でゆでればいいわけじゃない。上の4つのポイントすべてが重要だ。たとえば①でさやを切ることで、すき間から塩水が入ってくる。そして②で塩もみすることで、うぶ毛が適度に取れ、口の中に入ったときの印象が変わる。③は水が多くなればなるほど塩分濃度が薄くなる。たっぷりの湯をわかす必要はないのだ。④に関しては、正直塩気はあまり変わらないが、枝豆自体の甘みを強く感じる。

枝豆あるある
想像と、違う場所から飛び出した。

枝豆のすべて

Q.枝豆って何の豆?

大豆やがな!

大豆や。大豆の完熟前の実や。つまりほっといたら、大豆になるんや。ちなみに「枝豆」っていう植物はあらへんで。あと分類上、大豆は豆類になるけど、枝豆は野菜になるんやて。歴史もあって、江戸時代、路上で枝がついたまんまゆでたやつが売られてたみたいで、つまりファストフードっちゅうんかな。そんな感じやったみたいやで。

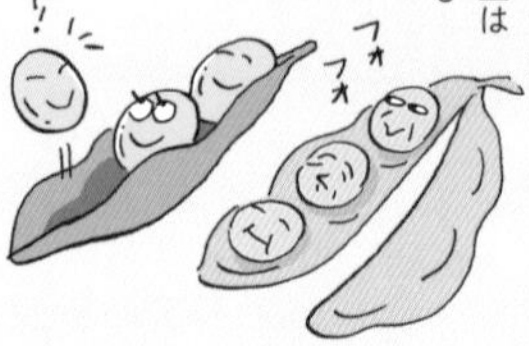
ヒュー!
フォフォ

Q.旬はいつ?

夏やがな!

基本的には、5月から出回り始めて、10月ごろまでは店頭にあるかな。でもやっぱり、7~8月がおいしいわ。「露地《ろじ》もの」いうて、ハウス栽培やないやつがぎょうさん並んでるからな。真夏のピークが去ったらちょっと味が変わるかな。でも最後の花火が終わっても、まだしばらくはいけるで。

Q.栄養はあるの?

あるがな! めちゃくちゃあるがな!

もう、おつまみにぴったりの栄養が入ってるがな。アルコールの代謝を助けるアミノ酸、「メチオニン」とかな。あとは「レシチン」っちゅう、肝臓にある脂肪を分解するらしい栄養素が、疲れた肝臓の手助けまでしてくれる。とにかく、ええ栄養素がぎょうさん含まれとるから、食べまくったほうがええで!

それほどでも…
ありがとう
まかせとき!

Q.枝つきのを買ったほうがおいしい?

そうやがな!

「枝豆」ゆうくらいやで? 枝から外した瞬間から鮮度が落ちていくから、ついたままにしてるんや。収穫したあとも、枝の部分には水分や栄養が残ってる。それを枝豆本体が吸収するから、鮮度が保たれるんやで。

限界まで栄養を…

「ゆで」に飽きたら ペペロン枝豆

【材料】

- 枝豆…250g
- A 塩…小さじ1/2
- A 水…大さじ6
- A オリーブオイル…大さじ1・1/2
- にんにく(みじん切り)…1かけ
- 赤唐辛子(小口切り)…1本分

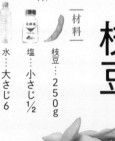

data

とくに合うお酒

こうして合わせる

↓最後にしょうゆをひと回し

食べられるまで **10分**

作り方

① 枝豆のさやは両端を切る。

② ボウルに入れ、塩（小さじ1）をふって**30秒**ほど軽くもみ、さっと水洗いしてペーパーで水気をふく。

③ フライパン（26cm）にサラダ油（大さじ1）を**中火**で熱し、枝豆を並べて**3分**ほど焼き、**2分**炒める。

④ Aを合わせて注ぎ、**強火**で煮立てる。水分が大さじ2くらいに減ったら、にんにく、赤唐辛子を加え、全体に絡めて水分を飛ばす。

冷凍枝豆や、賞味期限ぎりぎりの枝豆。ゆでるのには飽きたけど、やっぱり今日も枝豆を食べたい。そんな枝豆愛深めの方におすすめなのが、このペペロン。枝豆のほのかな甘みに、オリーブオイルの香りと「にんにくというよりガーリック感」が合わさって、冷やした白ワインがすすむ。いわば枝豆のがっつりメイクバージョン。

枝豆一句

皮の山　今日も生きたと　いう証

どうやって食べる？ 生ハム図鑑

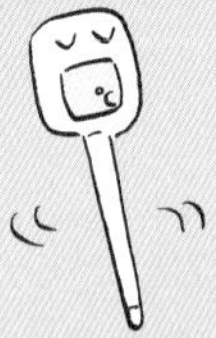

①そのまま食べる

おいしい生ハムはそのまま食べたい。さらにおいしく食べるコツは「常温」に戻すこと。冷蔵庫から出したてだと、まだ舌触りが硬く、脂も冷たい。だから20分くらい常温においてから口に入れて。左に、代表的な生ハムの種類を紹介しているので、いくつか食べ比べて違いを味わうのも楽しい。

②刻んで食べる

当研究所では「ベーコン使い」とよんでいる手法。たとえば、せん切りにしたキャベツに刻んだ生ハムを和えてもいいし、P102の浅漬けに混ぜてもおいしい。硬くなってしまったら、トマトソースや、スープにも入れられる。

③のせて食べる

生ハムは塩気が強いので、何かと合わせて、いい塩梅にしながら食べていきたい。たとえば薄切りにしたズッキーニ。カルパッチョみたいに平たく並べて、生ハムをちぎってくしゅっとのせてみよう。しばらくしたら塩気がうつって、野菜がちょっとしんなりしてくる。逆に生ハムは、野菜の水気をもらってしっとり。ほかにもかぶ、りんご、キウイをくるんと巻いてもおいしい。

きゅうりでもやってみたけど、
ちょっと所帯じみた味に
なってしもたねん

スペイン

ハモンイベリコ

甘みが強く、希少価値が高い

イベリコ豚というのは、スペインのイベリア半島原産で放牧により飼育された豚。ドングリなど自然の餌を食べて原始的に育っている豚が多く、中でも「ベジョータ」が最高級とされている。「ベジョータ」とはスペイン語で「ドングリ」のこと。これを名乗るには、一定の条件がある。

ドイツ

ラックスシンケン

豚そのもののうま味があり、軽くてしっとり

食肉加工の技術が高いドイツの生ハム。ラックスとはドイツ語で「鮭」のこと。ハムの色が鮭の色に似ていることからこう呼ばれる。肉を塩漬けし、低温で燻製・乾燥・熟成させている。しっとりしているのが特徴。日本の大手メーカーの生ハムはこちらの手法をまねたものが多い。

スペイン

ハモンセラーノ

肉のコク、塩気が強い

スペインは、生ハム生産量世界一位。「ハモン」とは「ハム」のこと。「セラーノ」は「山」のことで、おもに山岳地帯で作られる生ハム。豚のもも肉の皮をはいでから塩漬け・乾燥・熟成させるので、塩分がしっかり入る。燻製はしないが、乾燥している間に、肉の表面に乳酸菌や酵母菌がつき、香りがはっきりする。

イタリア

イタリアンプロシュート

やわらかく、塩気がマイルド

プロシュートとはイタリア語で「非常に乾燥した」という意味。正確には、イタリアではハム全般をプロシュートとよぶので、生ハムのことは「プロシュート・クルード（生）」と言う。ローマ帝国時代から変わらない製造方法で、豚のもも肉の皮を残したまま、塩漬け・乾燥・熟成させ、燻製はしない。塩気がマイルド。

おつまめ知識

日本の大手食肉加工品メーカーは、ソーセージが主力商品であることが多い。そのためソーセージの本場ドイツから学んで商品を作ることが多いため、ドイツ形式の生ハムが多い、のかもしれない。

SHIOKE

今夜は、白ワインナイトだ

しょっぱうま肴《さかな》トースト

ときどきむしょうに飲みたくなる、
辛口の白ワイン。
ソーヴィニヨンブランとシャルドネを、
キリッと冷やして準備しよう。
塩辛バターはアンチョビみたい。
明太マヨには、ただただ降伏。
ありあわせの材料とは思えない、
のりしらすチーズの完璧さ。
安いワインほどうまくなる、
気軽で陽気な夜の始まり。

パンは厚めの3㎝に切ると「じゅわっ」とするで

POINT

どんなパンがいい？

このトーストを作るなら、スーパーのパン売り場で売っている、太めのソフトフランスを買ってほしい。袋に入った、皮がやわらかいあれだ。細くて硬いバゲットもいいけれど、やわらかいほうが、パンの中に油と塩気が入り込み、外側カリッ、内側じゅわっ、のトーストになる。朝ごはんのサンドイッチにも応用がきくし、余ったら切ってラップにくるんで保存袋で冷凍もできる便利なパン。

作り方

パンを3㎝厚さに切る。下記の具材をのせ、トースターで焼き色がつくまで**4〜5分**焼く。下記、2枚分の分量。

1 明太マヨ

明太子（30g）をほぐし、マヨネーズ（大2）を混ぜてパンに塗って焼く。

2 塩辛バター

パンに塩辛（大2〜3）をのせ、しょうゆ（少々）をかけ、バター（10g）をのせて焼く。

3 のりしらすチーズ

パンにマヨネーズ（大1）を塗り、ちぎったのり（全形1枚）、しらす（大2）、ミックスチーズ（50g）をのせて焼く。

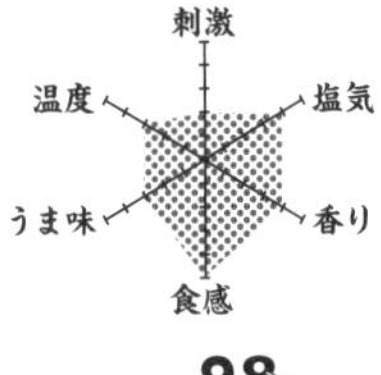
刺激
塩気
香り
食感
うま味
温度

data

食べられるまで 10分

とくに合うお酒

こうして合わせる

↓魚介は合わないかもだけど、飲むなら渋みが出ないようにキンキンに冷やす

MENTAIMAYO

1

SHIOKARA BUTTER

2

NORISHIRASU CHEESE

3

おしゃれバゲットあるある
あごが疲れる。

SHIOKE

乾いたら「水分」と「温度」

さみしくない乾き物

いつも何気なく食べている乾き物。
だけど今日はなんだか、
このぱさぱさが口さみしい。
そんな日は、水やりすること。
そして、温めること。
水分が生命力を、
温度が情をくれる夜。

香りあたりめ

焼酎を少しだけかけて、ふんわりラップで30秒チン。いかのうま味と香りが強まってさみしくない。

やわらか鮭とば

日本酒を少しだけかけて、ふんわりラップで30秒チン。鮭とばって、魚だったんだなと思えてさみしくない。

スモーキージャーキー

ウイスキーを少しだけかけて、ふんわりラップで30秒チン。スモーク感がさらに立ち、肉っぽさが際立ってさみしくない。

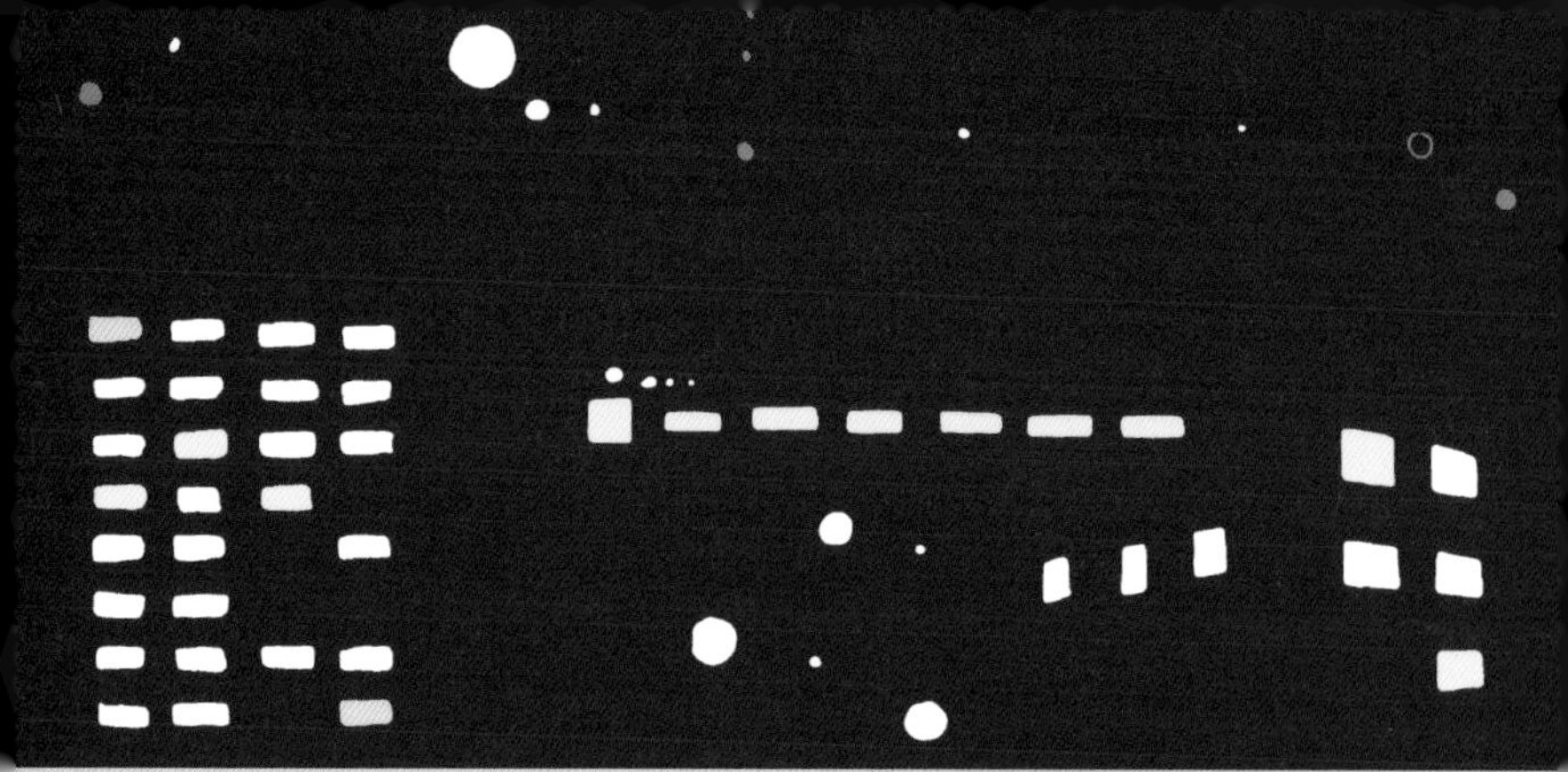

焼きチータラ

フライパンでちょっとあっためると、想像の10倍おいしい。タラとチーズの香ばしさ。熱々でぜんぜんさみしくない。

いかくんナムル

ごま油としょうゆで和えると、小鉢の一品。なぜかこればかりつまんでしまう、というクセになる味だからさみしくない。

こんがりさきいか

フライパンでちょっとだけ焼く。「炙ったいか」の究極形と言っていいほどうまくて、さみしくない。

あったか貝ひも

水を少しかけて30秒ほどレンジで温める。ずっと噛みたいのは変わらないが、一口目が優しくてさみしくない。

おつまめ知識

「チータラ」という名前は、じつは、株式会社なとりの商標。じゃあ「チーズ鱈」は？　と思うかもしれないが、「チーズ鱈」も、株式会社なとりの商標。

冷蔵庫にあればすぐ飲める とりあえず 2%の浅漬け

2%
野菜がハンパに
余ってたら
まず漬けよ

ある日、野菜室をぼんやり見ながら思った。「何作っていいか、わからない」。キャベツ、パプリカ、きゅうり。炒め物だときゅうりが余る。サラダにするのもなんか変。そんなとき、声が聞こえた。「浅漬けにすればいいじゃない」

これ、ただの塩漬けじゃない。合計300gの野菜に、小さじ１の塩。これでだいたい２％の塩分濃度になる。そこに砂糖と酢を入れたら、乳酸発酵したような甘酸っぱいコクがすぐに出る。昆布で奥行きを出して……あ、これ、漬物屋さんの味だ。

漬物＝添え物と思っている人ほど食べてみてほしい。漬物なのにボリボリいける。野菜から出てきた水分が調味料になるので、一期一会の味に。

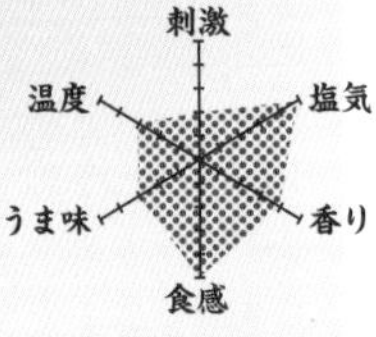
刺激
塩気
香り
食感
うま味
温度

5日後にキムチになる浅漬け

data

食べられるまで 24時間10分

材料 作りやすい量

- キャベツ（ちぎる）
- パプリカ（短冊切り）
- きゅうり（乱切り）
- 長芋（拍子木切り）
- かぶ（くし切り）

合わせて300g

- 塩…小さじ1
- 砂糖…小さじ1
- 酢…小さじ1
- 昆布…5㎝角×1枚

作り方

① 野菜を保存袋に入れ、調味料を順に加え、絡めてよく混ぜる。昆布を入れ、空気を抜くように口を閉じて冷蔵庫で一晩おく。10日ほど持つ。

とくに合うお酒

こうして合わせる

↓ オリーブオイルをかける

↓ 刻んだ生ハム、チーズをのせる

3日目

4日目

5日目

レモンとしらす投入〜
いいね〜
そろそろ味変しませんか
OLIVE
塩昆布投入!
ワーイ
ごま油!
…
ごま油
…
…
…
今日はどうしましょ…
これを加えよ!

- にんにく（すりおろし）…1かけ
- しょうが（すりおろし）…1かけ
- 砂糖（あればはちみつ）…小さじ2
- ラー油…小さじ1

あっさり味のキムチっぽくなった!!

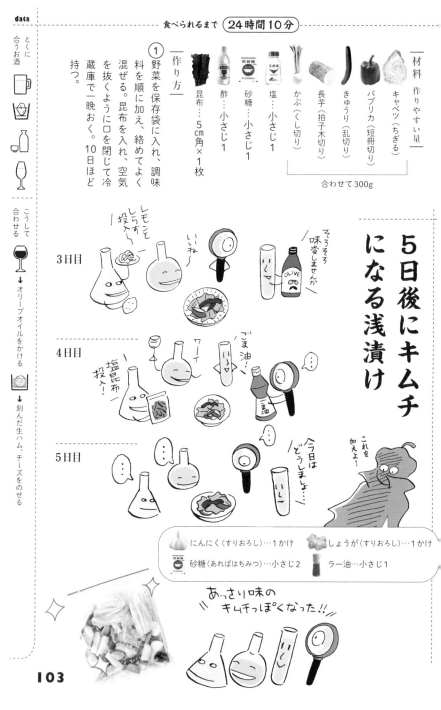

LABORATORY

いちばんねっとり？実験レシピ

刺身はそもそも、そのままでうまいもの。しかし漬けにすることで、生の魚では味わえないねっとり感が生まれる。これは塩気の力で余分な水分を抜き、濃厚な食感に仕上げる「江戸前寿司」の手法。ここでは、漬けた翌日3パターンの漬けを食べ比べてみた。

食べられるまで **6時間5分**

—材料—

生サーモン刺身用（さく）
…150〜200g

—作り方—

①サーモンに、それぞれの調味料を絡めて、汁ごと保存袋に入れる。

②空気を抜いてしっかり口を閉じ、**6時間**以上冷蔵庫に入れる。

③取り出したらさっと水気をふき、5㎜幅に切る。好みでわさびや辛子、ごま油、オリーブオイルなどでいただく。7日ほど持つ。

刺身の「さく」は、切るのが難しそうに見えるが、漬けにすると浸透圧で水分が抜けて身がぎゅっと締まるので、意外と切りやすい。

A
塩砂糖漬け

塩（小½）、砂糖（小1）をよく混ぜ、全体にふり絡める。

サーモンだけじゃなく
ぶりやまぐろでも
作ってほしいわ

魚の漬《づ》け、どれが

結果

Aがいちばんねっとり

Aがダントツねっとりだった。生っぽいスモークサーモンとでも言えばよいか。やはり塩をダイレクトに使うので水分が抜けやすいようだ。塩より先に砂糖が素材に入り込み、水分を抱き込むので、塩の浸透をゆっくりにするらしい。さっぱりした白ワインを口に含むと、ぶわっとうま味が広がった。
Bはまさに、お寿司屋さんの味。しょうゆには粘度があり、また塩そのものではないため、浸透も時間がかかるようだ。刺身が好きな人向け。
Cは思ったよりねっとり感は少なかった。熱湯につけて表面に膜を作ることで、塩気の入りも鈍くなるようだ。年末に仕込んで、お正月の2日くらいに食べるとちょうどよさそう。端っこのほうはやや肉っぽさも感じられて、おもしろい味わい。

data

とくに合うお酒

無理に合わせず
↓赤ワインの鉄っぽさと生魚は、どうしても反応して生臭みが出やすい

B しょうゆみりん漬け

C 半生レア漬け

しょうゆ（大1）、みりん（小1）を全体に絡める。

サーモンは熱湯に30秒浸す。手早く氷水にとって冷やし水気をふく。しょうゆ（大2）、みりん（大1・または砂糖小2）を混ぜ、その液に漬ける。

テツローさんのひとりごと
「刺身のつま」って捨てがたいけど、ぜんぶ食べるのも……。（大将「まず魚から出た水分、ドリップをざっと洗うやろ。そんで冷水につけとくとパリッとするから、水きってごま油と塩で和えるといけるで」）

SHOKE

辛い酒には「甘じょっぱい」で飲む

ウイスキー、焼酎、白の辛口。
糖分が少ない、すなわち「辛い」酒で
飲むときにぴったりなのが
「甘じょっぱい」おつまみ。
辛い酒でキュッと締まった口の中、
広がっていく
「甘い」「しょっぱい」の混沌。
楽しかったお酒の時間の最後を飾る、
〆のつまみにもなる。

干し芋のチーズ焼き

［材料］
干し芋…50g
塩・こしょう…各少々
ミックスチーズ…30g
［作り方］
干し芋をざっくりさいて耐熱皿にのせ、塩・こしょう、チーズをかけ、トースターで焼き色がつくまで**4～5分**焼く。レンジも可。

意外や意外、長年の探究の結果、干し芋はウイスキーに合う、ということがわかった。干し芋は加熱すると甘みが出る。そこにチーズの油っけと塩気が交わり、自然な「甘じょっぱい」が生まれる。ハムを加えても美味。

data

とくに合うお酒

ポイントは「甘い：しょっぱい」の割合が「2:1」であること。甘いだけではおつまみにならないので、適度な塩気が必要だ。

クリームチーズ＆ドライフルーツ塩

｜材料｜

ミックスドライフルーツ…30g
クリームチーズ（室温に戻す）…70g
水（または好みの酒）…小さじ2
砂糖…小さじ1
塩…3〜4つまみ

｜作り方｜

ドライフルーツは軽く刻んで水をかける。クリームチーズはやわらかく練り、砂糖と塩を加えて混ぜる。水気をきったドライフルーツを混ぜる。

夢のように甘くてしょっぱいクリームチーズ。というかもはや、チーズクリーム。カリッとフライパンで焼いた、薄い食パンの塩気に、ドライフルーツの凝縮された甘みが押し寄せる。

テツローさんのひとりごと

「チンするのもめんどくさかったら、芋けんぴに塩ふって食べるのもおいしいで」って大将が言ってたからやってみたら、衝撃のうまさ。コロンブスの卵にもほどがあり、コロンブスについて調べてしまった。

テツローさんが作ってみたら

7月30日

今日は昼間、ナナミがリュウを連れて遊びに来た。「お父さん、さみしくなってるころかと思って」と、ダイコクビールを買ってきてくれた。ピザをとってみんなで食べた。リュウはピザが大好きらしく、口のまわりをベタベタにしていた。ふいてあげたら全力でいやがられた。野菜がないなと思ったので、枝豆をゆでたら、ナナミがびっくりしていた。「これお父さんがゆでたの？　塩加減がちょうどいいんだけど」だって。「さやの両端切るなんてお店みたい。私だったら絶対やらない」と言うから、「いや、これをやるとやらないのとでは、大きな差があってな……」と熱弁してしまった。たぶん、ナナミはやらない。

8月7日

月曜日から雨。空も暗いし、なんだか気分も重い。帰ってきてから、うっかりカーペンターズをかけてみたら、よけい物悲しくなってきて、料理する気も出ない。で、昨日作っておいた野菜の浅漬けを出す。キャベツ、きゅうり、大根。塩味が決まってるだけで、こんなシンプルな浅漬けでもびっくりするほどうまくなるんだな。食べるラー油をかけたらビールによく合う。そうだ、こういう日はあれだ。ボジョレー・ヌーボーのキャッチコピーを検索だ。2002年の「過去10

SHIOKE

年で最高と言われた01年を上回る出来栄え」からの、2003年「100年に1度の出来」。ここ好きだわ。……なんか元気出てきた。赤ワインあんまり飲まないけど、明日買って帰ろうかな。

8月18日

会社の飲み会で、居酒屋たぬきへ。「ここもじつは研究所なんだろうか」と、つい店内を見渡してしまう。よく見ると、大将がたぬきに似ている気がしてきて、首をブルッと振る。村上くんとははじめて飲んだが、お酒が飲めないらしく、ずっとウーロン茶だった。最後、割り勘にするのは悪

いのでふつうに「村上くんは2000円で」と言ったら、嶋口が「なんでこいつだけ安いの〜?」と突っかかってきた。これだから酔っ払いは嫌だ。

8月31日

べつに、さみしいってわけじゃない。ただ、なんだろう、一人にちょっと、飽きたのかもしれない。こういう夜は、何か新しいことをしたくなる。で、大将に教えてもらった、焼きチータラを作ってみた。ちょっとびっくりした。香ばしくて、チーズのやわらかさとうま味が増幅している。想像の10倍うまい、というのは案外うそじゃない。61年生きてきて、チータラ焼いてみようなんて思ったことなかったな。こういう小さなことでも「新しいこと」は人生の景色を変えてくれる。久しぶりに、深夜ラジオでも聴いてみようかな。

うま味で飲む

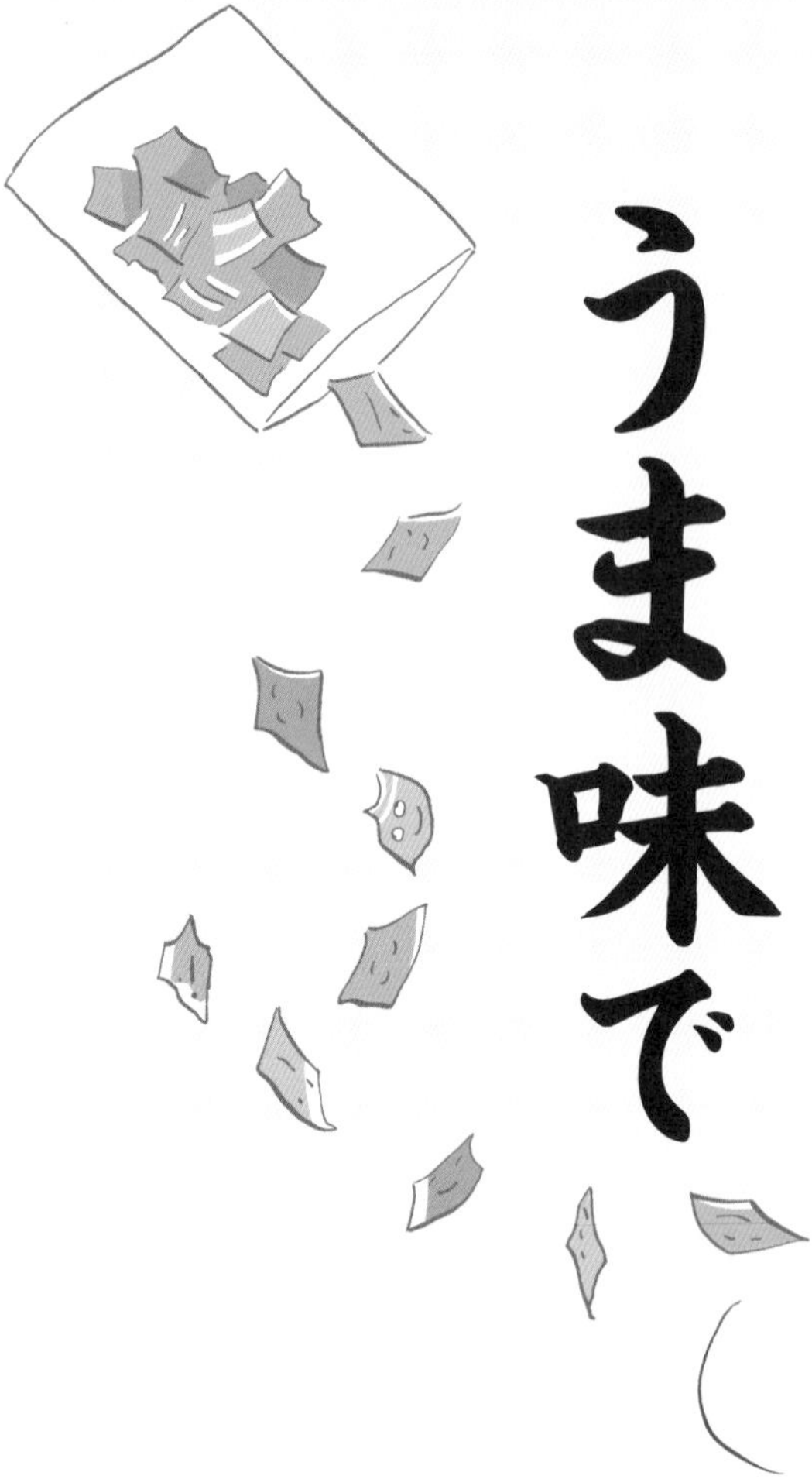

はー
だしまき卵って
ほんとうまいなあ
塩気？ 香り？
何なんでしょ？
だし巻きで
重要なのは
うま味！
うま味は
日本人が発見した
基本味の一つで
UMAMI
お酒の最大の
おともとも
言える！
代表的な
うま味成分と
多く含んでいる
食材は
こんな感じやね
グルタミン酸と
イノシン酸
ってのは
よく聞きますね
グルタミン酸
昆布
チーズ
パプリカ
のり
ブロッコリー
トマト
カリフラワー
イノシン酸
牛肉
豚肉
鶏肉
ベーコン
あじ
まぐろ
さわら
じゃこ
ちくわ
のり
削り節
かつおぶし
コハク酸
しじみ
はまぐり
あさり
グアニル酸
きのこ
干ししいたけ
のり
油、乳化した
油脂にも
コクとうま味が
ある。
ごま、バター、
油揚げ
とか

だし巻き卵のうま味は…
かつおだしのイノシン酸と
卵の黄身のグルタミン酸
ダブルで！
うま味は別のうま味と掛け合わせることで相乗効果が生まれる！
ヨイショッ
ヨイショッ
はい、これ、だしじゃなくて水を使った卵焼き
ん
おいしいけど広がりが少ないかな…
そ、広がり
うま味は口の中全体で感じるおいしさやねん
アーッ
ずっと感じてたいです…
ずっと味わってると無になるで
!?
舌にある味蕾《みらい》っちゅう細胞が同じ刺激に慣れてまう
だから、無
さみしい…
どうしたら
日本酒をクイッと
クイッ

郵便はがき

おそれいりますが
切手を
お貼りください

141-8210

東京都品川区西五反田3−5−8
株式会社ポプラ社
一般書編集部　行

お名前	フリガナ	
E-mail	＠	
ご住所	〒　　-	
電話番号		
ご記入日	西暦　　　年　　月　　日	

上記の住所・メールアドレスにポプラ社からの案内の送付は必要ありません。□

※ご記入いただいた個人情報は、刊行物、イベントなどのご案内のほか、お客さまサービスの向上やマーケティングのために個人を特定しない統計情報の形で利用させていただきます。

※ポプラ社の個人情報の取扱いについては、ポプラ社ホームページ（www.poplar.co.jp）内プライバシーポリシーをご確認ください。

ご購入作品名

■この本をどこでお知りになりましたか？
□書店（書店名　　　　　　　　　　　　）
□新聞広告　□ネット広告　□その他（　　　　　　　　　）

■年齢　　歳

■性別　　男・女

■ご職業
□学生（大・高・中・小・その他）　□会社員　□公務員
□教員　□会社経営　□自営業　□主婦
□その他（　　　　　　　　）

ご意見、ご感想などありましたらぜひお聞かせください。

ご感想を広告等、書籍のPRに使わせていただいてもよろしいですか？
□実名で可　□匿名で可　□不可

一般書共通

ご協力ありがとうございました。

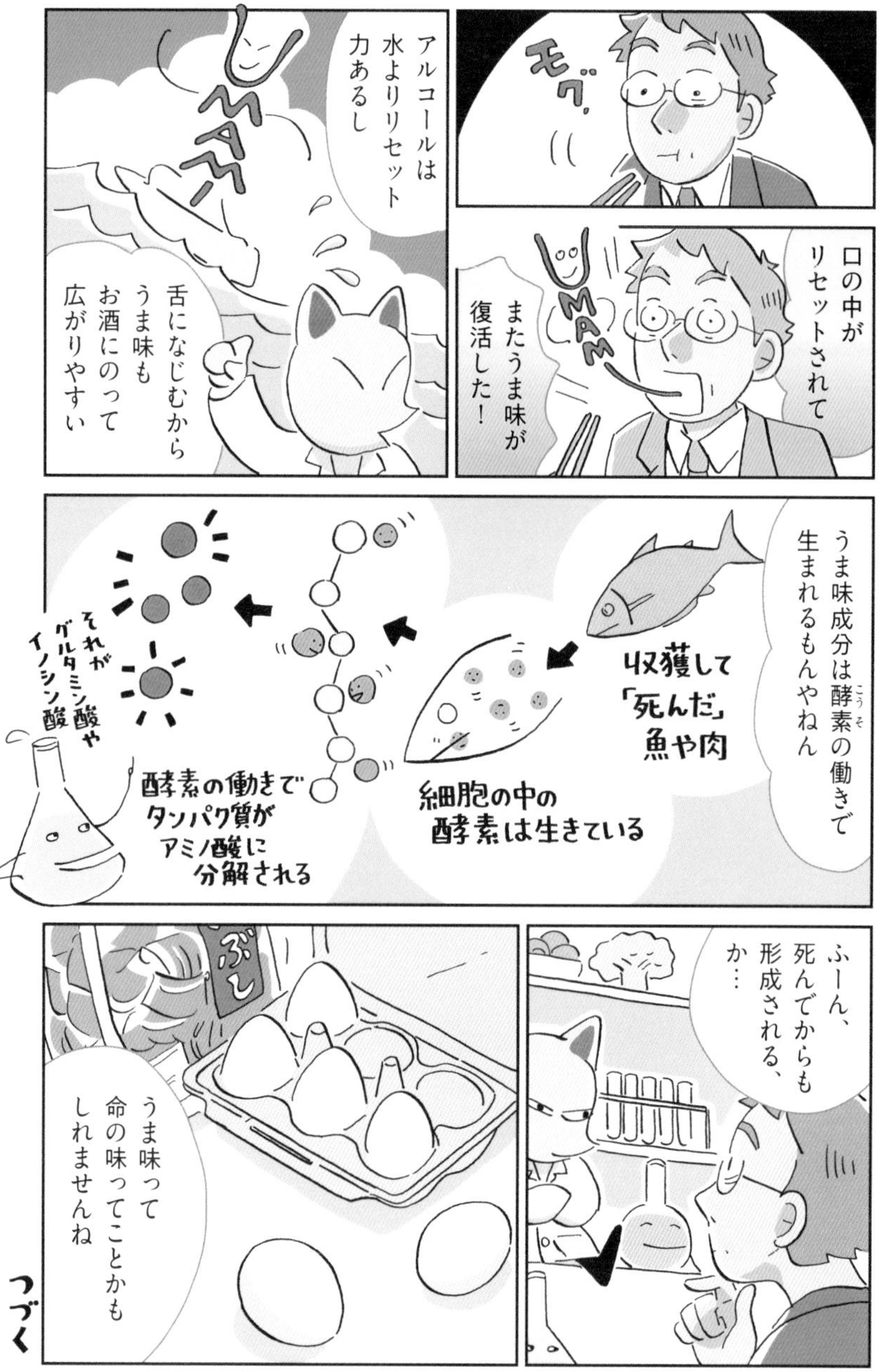
モグ
口の中がリセットされて
UMAMI
またうま味が復活した！
アルコールは水よりリセット力あるし
UMAMI
舌になじむからうま味もお酒にのって広がりやすい
うま味成分は酵素《こうそ》の働きで生まれるもんやねん
収獲して「死んだ」魚や肉
細胞の中の酵素は生きている
酵素の働きでタンパク質がアミノ酸に分解される
それがグルタミン酸やイノシン酸
ふーん、死んでからも形成される、か…
うま味って命の味ってことかもしれませんね
つづく

「巻かない」から蒸発が少ない ひたひた だし巻き卵

ひらひらと薄い紙吹雪のような削り節、じつは1枚1枚、異なるうま味を持っている。大きく言えばどれも「イノシン酸」だが、どの部位を削るかで、うま味の個性は、ぜーんぶ違うのだ。

だから、削り節1枚でとった1滴のだしより、削り節100枚でとった100㎖のだしのほうが味に重なりがある。

このだし巻きは、薄焼きにして巻く作り方をしないので、だしの蒸発が少ない。そのため、「だし含み卵」ともいえるくらい、ひたひた感が出る。

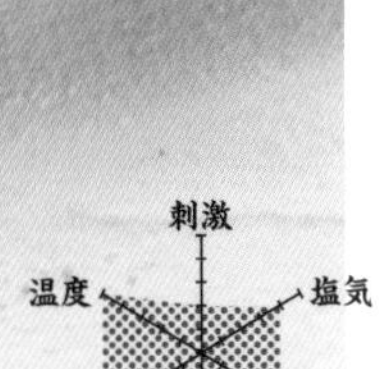

食べられるまで 60分

だしを作る

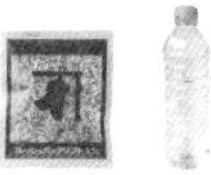

水…1・1/4カップ
削り節…2袋（5g）
（細かい花削りタイプ・真空パック個包装）

① 耐熱ボウルに水を入れ、削り節を軽く浸す。ふんわりラップをして、レンジに**3〜4分**かける。

② レンジから出して、そのまま**2分**おく。茶こしでこし、粗熱をとる（60分以内にとれる）。

材料

A

卵…4個
だし…大さじ4
しょうゆ…小さじ1
みりん…小さじ2
塩…2つまみ
サラダ油…適量

レンジなら、だしが抽出されやすい80℃前後に加熱されます。激しく沸騰させず、蒸気が出てふわっとするのが目安です

とくに合うお酒

こうして合わせる

↓チーズを混ぜ込む

①

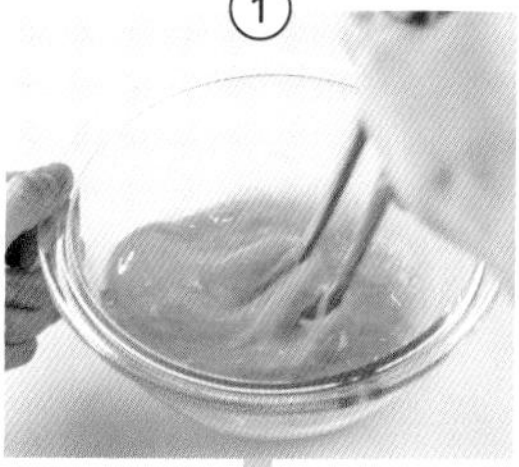

ボウルに卵を割り、卵白を切るように箸で30回混ぜ、Aを加えてよく混ぜる。

②

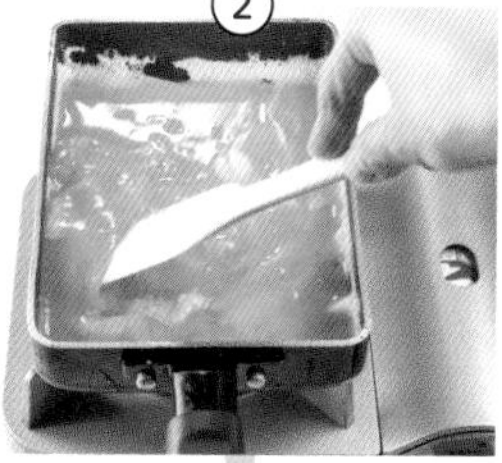

卵焼き器に、ペーパーで油を塗り、**中火**で**3分**熱する。卵液の2/3量を広げる。まわりがひらひらと固まってくる。

③

ゴムベラでゆっくり混ぜてスクランブル状にし、固まりきる前に向こう半分に寄せる。

④

手前にペーパーで油を塗り、残りを入れる。向こう側の卵の下にも、卵液を行き渡らせる。

⑤

表面が少し乾くまで**1分30秒**焼き、ゴムベラで手前にパタンと2つ折りにする。

⑥

両面を軽く焼き固め、形を整える。

テツローさんのひとりごと
お店でだし巻き卵を頼むとき、甘い系かしょっぱい系かわからない。毎回ギャンブル。

コハク酸で喉がギュッ

酒のアテを酒で蒸す。よく考えてみると、なんと強欲なつまみだろう。しかし清酒は、ただの酒じゃない。加熱するとアルコールが飛び去り、置き土産に強いうま味を残してくれる「うま味調味料」でもあるのだ。

あさりの酒蒸し

食べられるまで 40分

材料

あさり…300g

A

清酒…大さじ3

水…大さじ3

しょうゆ…小さじ$\frac{1}{2}$〜1

白ワイン蒸しの場合、清酒を白ワインに、しょうゆをバター10gに変える。

作り方

1. フライパン（26㎝）に、砂出しをしたあさりとAを入れ、ふたをして**強火**で煮立てる。口が開いてきたものからどんどん取り出す。
2. しょうゆを加えてサッと煮立て、あさりを戻し、全体に味を絡めて火を止める。
3. 清酒の場合は青じそや細ねぎ、白ワインの場合は細ねぎやパセリなどをトッピングする。

ボンゴレビアンコパスタ抜き風

あさりの白ワイン蒸し

「酒蒸し」のほうは、日本酒や焼酎、ビールが合う。「白ワイン蒸し」のほうは、白ワイン、ビール、ハイボールとごいっしょに。

食べられるまで 10分

POINT

あさりの砂出し

買ってきたあさり自身に砂を吐かせるために、海に近い環境を作る。あさりをバットか深めの皿にあけ、かぶるくらいの塩水を注いで、ホイルをかぶせて暗くする。塩水は、水1・5カップにつき小さじ1の塩を入れ2％にする。その後30分くらい置き、真水で貝同士をこすり合わせてしっかり洗う。

料理酒だとダメ？

料理酒の多くは塩分が入っているので、清酒を使ってほしい。ふだん日本酒を飲まない方はワンカップ酒でかまわない。

貝を変えてもいい？

OK！ ほたて、はまぐり、牡蠣、ムール貝など、どれもコハク酸を持つ二枚貝。

おつまめ知識

あさりは加熱するとすぐに身が硬くなる。そのため、ふっくらしているうちに、さっさと食べるのが吉。そのあとは身ではなく、残った煮汁で飲む。あさりには悪いが、どっちかというとこの「煮汁飲み」がメイン。

LABORATORY たたくとおいしい？ 実験レシピ

魚の脂がしみじみうまい、なめろう。なんとなく魚をたたくことは知っているが、いったい何回がゴールなのか？　そこにどんな違いがあるのか？

材料　食べられるまで 10分

あじの刺身…2人前（150g）
長ねぎ…1/3本（30g）
みょうが…1〜2本（30g）
しょうが…1かけ
みそ…大さじ2
白ごま…大さじ1

作り方

① 長ねぎ、みょうがは小口切りに。しょうがは皮を薄くむきせん切りにする。

② あじは粗く刻む。①とみそ、ごまを合わせて、包丁でざくざくと上からたたくように刻む。

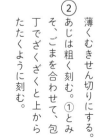

data

とくに合うお酒

無理に合わせず

↓どうしても生臭みが強くなってしまう

あじのなめろう、何回

A 粗みじん

あじの刺身感がまだまだプリッとあり、ねぎもシャキッと主張が強い。それぞれの素材が独立している状態。

B 20回たたき

あじのまわりにややとろみがあり「なめろう」感が出てきた。でも「魚を食べている」という噛みごたえもある。

C 50回たたき

かなり舌触りがなめらかな状態。うま味が一気に口に広がり、噛む回数が少なくなった。

D 100回たたき

圧倒的な一体感。ほぼ原型がわからず、ややペーストっぽい。濃厚なので、のりなどに巻いて食べたい。

結果

20回たたきがおいしい

かなり意見が分かれたが、当研究所での第一位は、Bの20回たたきに決定した。この一品だけを単体で食べる場合、これくらい魚の存在感があったほうがおいしい、と判断したため。なめらかさや一体感よりも、あくまで「刺身の延長としてのなめろう」をベストと考えた結果、このようになった。

刺身そのままでもおいしいねんから
まあぜんぶおいしいわ。
それぞれ合うお酒が
変わる感じやね

おつまみあるある

「なめろうってさ、なんでなめろうっていうか、知ってる？」とクイズ出してくる上司がいる。

（答えは「皿をなめるほどうまいから」らしい。船の上で作る漁師料理の一つ）

UMAMI

「鍋」だと思えば気軽に作れる

えびとマッシュルームの基本アヒージョ

ビギナーにとっては「ほんとに家で作れるの?」と思ってしまうおつまみ、アヒージョ。でもその構造は、意外と日本の「鍋料理」に近い。

にんにくの香りがしっかりついた油。そこに、具材のだしが溶け出る。何を入れるかでだしの味も変わり、うま味が増幅するのは、鍋もアヒージョも同じなのだ。

マッシュルームは大きいほうが、甘みもうま味も強い。少し時間はかかるが、煮えてちぢんだマッシュルームはかわいい。

data

食べられるまで 12分

材料

- 殻つきえび（バナメイえびなど）…8尾（150g）
- 白ワイン（または酒）…大さじ1
- にんにく…1かけ
- オリーブオイル…大さじ2
- A
  - 生マッシュルーム…8個
  - 赤唐辛子（輪切り）…1本
  - オリーブオイル…大さじ4
  - 塩…小さじ½

作り方

① えびは背に切り目を入れて背ワタと脚を取り、白ワインをふる。にんにくは縦半分に切って芯を取り、薄切りにする。

② フライパン（20㎝）にオリーブオイル、にんにくを入れて**弱火**にかける。香りが出たら、水気を切ったえび、マッシュルームを丸ごと入れて、**中火**で表裏**2分ずつ**焼く。

③ Aを加えて、さらに**3～4分**煮る。

とくに合うお酒

こうして合わせる

↓えびを食べたあとならOK

「追いうま味」を足す楽しみ

硬いチーズ

P123でおすすめする、ハード系チーズを最後に入れるととろっととろける。ゆで野菜ですくって食べると至福。

ミニトマト

③のタイミングで入れると、皮が弾けて中身がとろり。トマトはグルタミン酸が多いので、さらなるうま味が生まれる。

残った生ハム

少しだけ残って、カピカピッとしてしまった生ハム。ここに入れれば、脂がとろけて身もやわらかく復活。

ミニモッツァレラ

ミニトマトといっしょに食べると、あったかいカプレーゼみたい。クリーミーさがトマトの甘みを引き立てる。

テツローさんのひとりごと

この油、捨てちゃうのか。もったいないな……とたたずんでしまう。（大将「ゆでたブロッコリーにつけてみ。1株ペロリや。ゆでたパスタやうどんに絡めるのもいけるで」）

知れば世界のあっち側

チーズ図鑑

チーズ前、チーズ後。人生は、その2つに分けられる。「いやいや、チーズなんてしょっちゅう食べてるよ」というあなた。あなたの知っているチーズは、深い沼のほんの入口なのである。

プロセスチーズ

「スライスチーズ」や「6Pチーズ」のように、品質が安定していて扱いやすいチーズ。プロセスとは「加工」のことで、左の「ナチュラルチーズ」を細かくし、溶かして固め直したもの。酵素などの働きが止まっているので、熟成していかない。

フレッシュ

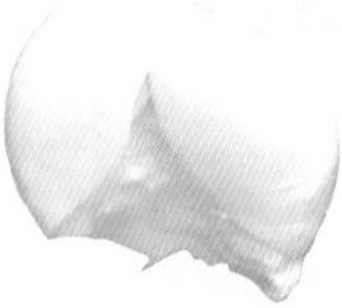

熟成させないチーズ。水分が多く、名の通り鮮度がおいしさになっている、クセのない味わい。
◎クリームチーズ、マスカルポーネ、モッツァレラ、ブッラータ、リコッタ、カッテージチーズ

白カビ

表面が白いカビで覆われているチーズ。外側から熟成が進む。中はクリーミーで、熟成が進むにつれてとろりとする。
◎カマンベール、ヌーシャテル、ブリ・ド・モー、ブリ・ド・ムラン、ブリ・デ・デュー、バラカ、カプリス・デ・デュー

ナチュラルチーズ

生乳に乳酸菌や酵素などを加えて固めることで作られる。「ナチュラル」の名の通り、乳酸菌や酵素が生きたままで熟成されたもの。おいておくとどんどん熟成し、個性がそれぞれ強く出る。

ハード・セミハード

当研究所のイチ押し。圧力をかけて水分を減らした、文字通り硬めのチーズ。熟成期間が長く、濃厚なうま味とコクがある。食感があり日本酒にも合う。刻んでサラダにかけても美味。

◎チェダー、パルミジャーノ・レッジャーノ、エダム、ゴーダ

これがおすすめ!

No.1

コンテ（フランス）

寒い地方で、冬をのり越えるために作られた保存性の高いチーズ。「コンテでチーズに目覚めた」という声もあるほどの覚醒の味。上品さ、歯ざわり、長く口に残るうま味は、まさにチーズ王。

No.2

ミモレット（フランス）

水分が抜けるごとにうま味が凝縮して、カラスミのような濃厚さが出る。表面にいる「シロン」というダニのはたらきで熟成。鮮やかなオレンジ色は、植物由来のアナトーという色素によるもの。

No.3

ペコリーノ・ロマーノ（イタリア）

イタリア最古のチーズ。ローマ軍遠征のときも持っていったそうな。長期保存を目的にしていたので塩気が強いが、パルミジャーノより脂っぽさが少なくさわやか。羊の乳を使っている。

青カビ

内側に青カビが繁殖したチーズ。食べられるカビなのでご安心を。香りが強烈でピリッとし、塩気とクセが強い。

◎ゴルゴンゾーラ、ロックフォール、フルム・ダンベール、スティルトン、カンボゾーラ

ウォッシュ

表面を塩水や酒で洗いながら、雑菌が繁殖しないよう熟成させたチーズ。匂いはかなり強く、好き嫌いが分かれる。中はねっとりしている。

◎エポワス、マンステール、タレッジョ、モン・ドール、リヴァロ、ラングル、マロワール

シェーブル

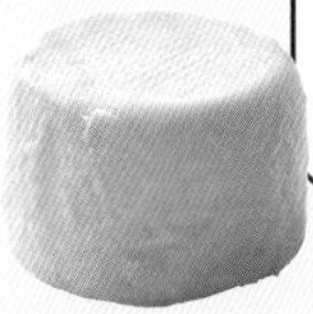

シェーブルとはフランス語でメスのヤギのこと。ヤギ乳を使い、木炭の粉などをまぶして熟成させる。ヤギ特有の匂いの個性が強い。

◎ヴァランセ、バノン、バラット、セル・シュール・シェール、プリニー・サン・ピエール

チーズの保存法
保存袋に入れ、チルド室で保管するのがおすすめ。熟成が止まり、安定するのでカビにくい。

うま味のR40指定

本日のチーズに漬物を添えて

合うお酒

カマンベールにザーサイを添えて

中国の漬物であるザーサイ。ごま油の香りに、白カビの個性あるうま味が重なって、意外と食べたことのない味に。

①チーズだけで飲む ②漬物だけで飲む ③合わせて飲む の3段階で楽しめる

合うお酒

クリームチーズにいぶりがっこを添えて

今や定番のコンビ。燻製のスモーキーさと、チーズのクリーミーさが口の中で織りなす別世界。鼻に抜ける香りの重なりを存分に楽しみたい。

合うお酒

マスカルポーネに明太子を添えて

長年の研究の結果、わかったことがある。「明太子は酸味があると苦くなる」だから酸味の少ないマスカルポーネと合うのだ。ディップとしても使える。

なかなかやるな。
漬物って、野菜の中の
糖分が時間をかけて
分解された深みがあるねん。
それが、フレッシュ系の
チーズの若さと混ざると
「うまさ」に変わるんや

合うお酒

スライスチーズにぬか漬けを重ねて

新手のカナッペ。スライスチーズは、重ねて厚みを出すと「チーズ感」が出るので、添えるのではなく重ねるべし。プロセスチーズの安定感を、ぬか漬けの人間味が塗り替えていく。

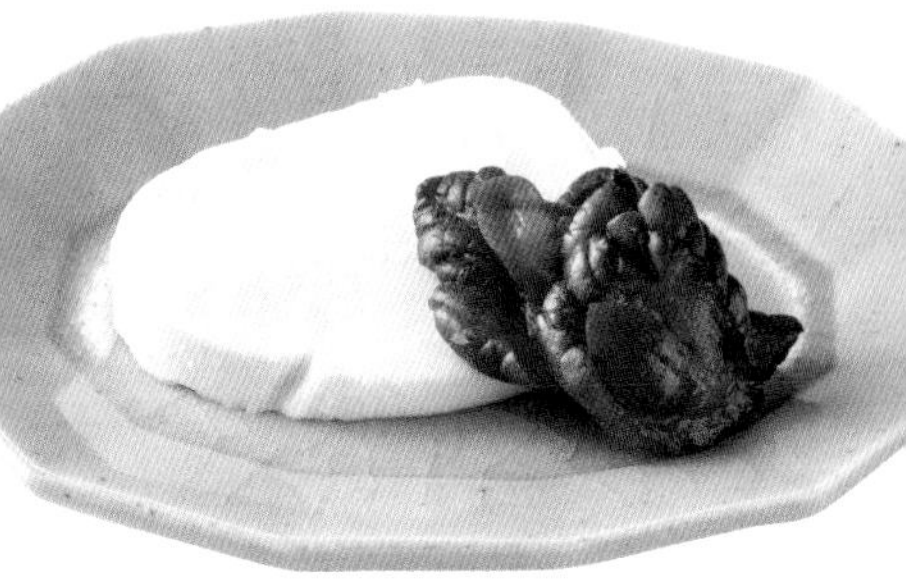

合うお酒

モッツァレラチーズにしば漬けを添えて

モッツァレラといえばバジルだが、和製バジルすなわちしそで華やかさを出した。淡白な味にほどよい塩気と酸味をプラス。オリーブオイルもかけたい。

スパークリングを開ける日は

生マッシュルームのサラダ

マッシュルームは、生で食べられる。ポクポクサクリとした独特の食感を噛み締めると、うま味が広がる。さすがグアニル酸もグルタミン酸も両方入っているだけある。

ホワイトでもブラウンでもいいので、購入してから3日以内の新鮮なうちに食べて。野菜室の手前など、通気性がいいところに保存を。

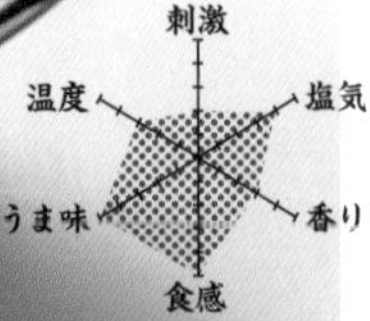

食べられるまで 5分

材料

生マッシュルーム…6個

塩…少々

ハード系チーズ…適量

オリーブオイル…小さじ1〜2

作り方

1. 生マッシュルームはなるべく薄く切る。ボウルに入れて、塩を手で絡め、器に盛る。
2. チーズの薄切りとオリーブオイルをかける。

チーズは粉チーズでもいいですが
コンテやミモレットもおすすめ。
お酢ちょっとかけてもいけますよ

おつまめ知識
マッシュルームの下についている茶色いのは、「ピートモス」とよばれる無菌のもので、泥ではない。

生カリフラワーのサラダ

怖がらないで！

スーパーで見かけても素通りしてしまう、カリフラワー。でも1回でいいから、手に取って。アクが少ないので、生でも食べられるのだ。

かすかに辛みがあるけれど、砂糖をパラッとひとつまみ。得体の知れないおいしさに、器を離せなくなってしまう研究員が続出した。

食べられるまで 5分

材料

- カリフラワー…5〜6房（150g）
- A
  - オリーブオイル…大さじ2
  - 酢…大さじ1
  - 塩…小さじ$\frac{1}{2}$
  - 砂糖…ひとつまみ
  - こしょう…少々

作り方

① カリフラワーは小房に分け、房に沿ってなるべく薄く切る。落ちた花蕾《からい》も拾う。

② Aをボウルに入れ、指先でトロッと乳化するまでよく混ぜ、①を加えて手でよく和える。

おつまめ知識

カリフラワーとブロッコリーは、野菜の中でもグルタミン酸が多い。この2つの属するアブラナ科の野菜はうま味が濃いので、シンプルに食べてもおいしいのだ。

全ファストフード店が泣いた フライドポテトは「炒め物」

フライドポテトといえば、たっぷりの油で揚げるのが常識。だけどこれは、大さじ４杯だけでいい。１回で使い切るから、新鮮な油の香りがする。「今まで食べたどのポテトよりおいしい」。試食時、こんな声が聞こえた。

このポテトの肝は、片栗粉。なぜ小麦粉じゃないのか？ 片栗粉の原料はじゃがいものでんぷんなので、素材から溶け出たような自然な衣になる。コーティングすることで中が蒸されて、芋らしい香りがふくらむのだ。

そもそもなぜうま味の章でじゃがいもなのか。じつは！じゃがいもは！グルタミン酸が多い！つまり、塩をつけなくても、素材そのものだけでうま味を感じられる野菜なのだ。

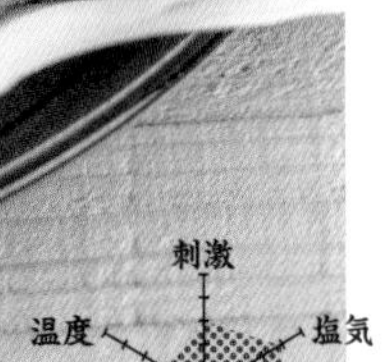

食べられるまで 10分

材料

じゃがいも…2個（250g）
片栗粉…大さじ4
サラダ油…大さじ4
塩…小さじ¼
こしょう…少々

作り方

① じゃがいもはよく洗う。皮つきのまま1㎝角の棒状に切り、サッと水にくぐらせる。
② 水気をきり、片栗粉をまぶす。
③ フライパン（26㎝）に油を**中火**で熱し、②を一度に入れ広げる。
④ 火を強めて**3分**焼き、上下を返して表面がカリッとするまで**3～4分**炒める。油をきって、塩・こしょうをふる。

とくに合うお酒

こうして合わせる
↓
炭酸水で割る。喉が渇くので、ごくごく飲めるお酒が合う

真面目な根菜、ジャンクになる

にんじん

栄養価の高い野菜として、嫌われつつも親しまれてきた優等生な私。でも、一皮むけて、違う自分になりたい！

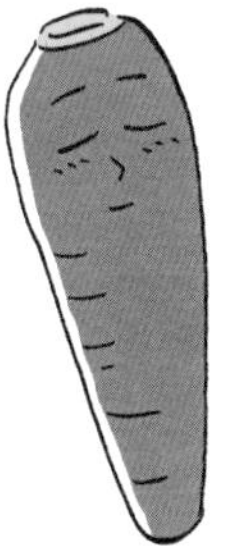

大根

ボリュームのわりに、値段も安くて「大量消費」で検索されがちなおいら。でも、一皮むけて、違う自分になりたい！

甘みがギュッと凝縮！
ほくほくして
臭みがなくなった！

カリカリジューシー！
ほんとうに根菜なの？
フレッシュ感すらある！

「一皮むく」いうてるけど、
その皮がおいしいねん。
じつは、皮は「うま味の詰まったハーブ」
みたいなもん。ヨーロッパのほうでは、
グリーンピースをむいたあと、
さやを入れてゆでて香りを移す調理法もあるんやで

飲んでる途中でうま味を追加

1時間後の、のり巻き

もう飲み始めて、1時間。なんだかちょっと、飽きてきた。ビールも終わって、焼酎タイム。そうだ、あれを出そう。ここは「うま味の帝王」のりの出番だ。

のりはただの植物だ。だけど、ふつうの植物と違うのは、海の中のプランクトン、つまり動物性のものがまわりに多い環境で育っている、というところ。だからどっちのうま味も持っていて、味わいが濃いのだ。

のりは口の中でだしになる。お酒と合わさると、ぱーっと広がるのだ。食卓に遠慮がちに残ったおつまみも、のりで巻いたらほら新鮮。生まれ変わって愉快になる。

のりは冷凍庫へ

のりってどこにしまったらいい？　答えは冷凍庫。のりは水分がないので、冷凍庫に入れても問題なく、むしろパリパリが長く保てる。のりには「全《ぜん》形《けい》」という規格があり、21㎝×19㎝とちょっとした書類くらい大きい。これより大きい保存袋に、まるっと入れて封をすれば、保存状態はかなりよくなり、何より取り出しやすい。

最初は弱火で試してみて。慣れてきたら中火でできるよ

パリパリにするには「裏を表」にして炙る

じつはのりには「裏表」がある。つやつやが表。ケバケバが裏だ。この裏から、のりは香りを出している。だからのりを2枚出したら、表と表を合わせよう。こうすると、「裏」が火にあたる「表面」になる。バサッとコンロで10往復。緑っぽい色になったころ、きっとパリッと香り立つ。

data
とくに合うお酒

P.148
ピリ辛アボカド3種盛り を巻く
パリッと濃厚。文句なし

P.48
お刺身ミックスユッケ風 を巻く
最初からこれで食べてもいい完成度

P.124
本日のチーズに漬物を添えて を巻く
のりとチーズは前世で同僚

P.90
3種の梅きゅう を巻く
お寿司屋さんの箸休めみたい

とんカツ用肉で作る 木曜日は豚のみそ漬け焼き

日曜日。買い物に行ったら、とんカツ用肉が安くなっていた。そんな日に、仕込んでおきたいこのみそ漬け。忙しくて買い物に行けない週後半、きっと「日曜の私ナイス！」とほほえむときがくる。

塩漬けは量の加減が難しいが、みそ漬けは適当に作ってもそれなりにおいしくなるふしぎ。みそのしみた豚肉は、荒々しくも品があり、肉質はパリッとするのに噛み切れる。

材料

豚ロース肉（とんカツ用）…2枚（250g）
みそ…大さじ4
砂糖…大さじ1
みりん…大さじ1
サラダ油…小さじ1

作り方

1 みそ床《どこ》を作る。みそはよく練り、砂糖、みりんを加えて混ぜる。

2 ラップを広げ、みそ床の半量を広げて豚肉をのせ、残りを上に塗りつける。ラップをぴったりかけて、冷蔵庫で**6時間以上**おく。（7日以降は冷凍）

3 取り出して、サッと洗ってみそを落とし、水気をふく。

4 フライパン（26cm）に油を**中火**で熱する。肉を入れて**3分**ほど、返して**弱火**で**5〜6分**焼く。

とくに合うお酒

図解 みそ漬けでおいしくなるしくみ

1

みそ床
やるぞ!
オー!

みその材料となる麹菌《こうじきん》は、たくさんの酵素を生み出している。酵素というのは、タンパク質の一つ。この酵素がはたらきかけて、肉のタンパク質を分解するのだ。じつは、わたしたちの体内にもすでに酵素はあり、食べたものを細かく分解し消化しやすくしてくれている。

2

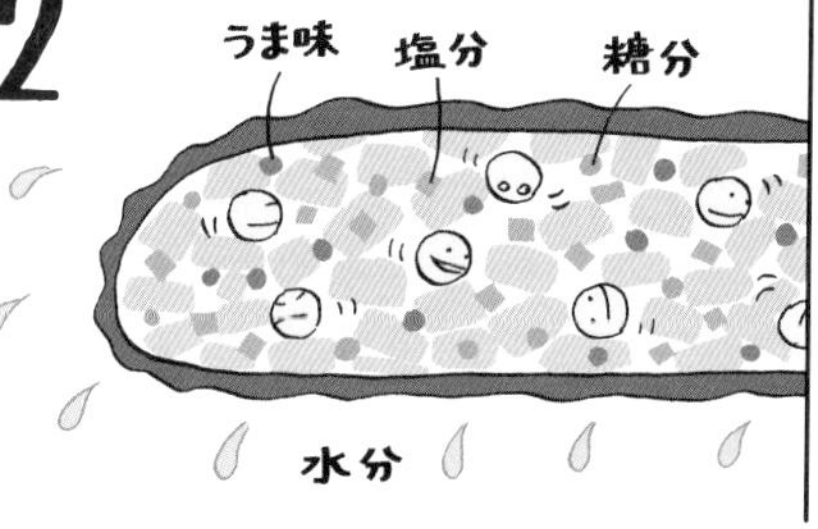
うま味
塩分
糖分
水分

みその持っている塩分、糖分、うま味などが、肉に入っていく。と同時に、肉のよけいな水分が浸透圧で抜けて、必要なぶんだけが残る。つまり「みその中のおいしい水分」と「肉の余計な水分」の交換が起こっているのである。

焼くと硬くなりがちなささみ、鶏胸肉、殻つきのえび、手羽先で作ってもいけるで

LABORATORY

うま味が出てくる？実験レシピ

豚バラ肉のかたまりに重量の2％の塩と砂糖をすり込むだけで作れる自家製熟成塩豚。はたして何日ねかせれば、お酒に合う強いうま味が出るのだろう？

材料 作りやすい量

豚バラ肉（かたまり）…400〜500g

粗塩…小さじ2

砂糖…小さじ2

作り方

① 豚肉に塩・砂糖（各小さじ1）をふって全体にこすりつける。裏側にも塩・砂糖（各小さじ1）をふり、さらにこすりつける。

② つなげたままのペーパータオル2枚に豚肉をのせて包む。その上からラップでぴっちりと包む。冷蔵庫のチルド室で保存する。（10日以降は冷凍）

1日ねかせたあと、ペーパーを替えてラップに包む。このあとも、2日に1回はペーパーを替えて、出てきた水分が表面に残らないよう注意する。

塩豚は何日目に

data

とくに合うお酒

こうして合わせる

↓細ねぎか青じそを刻んでのせる

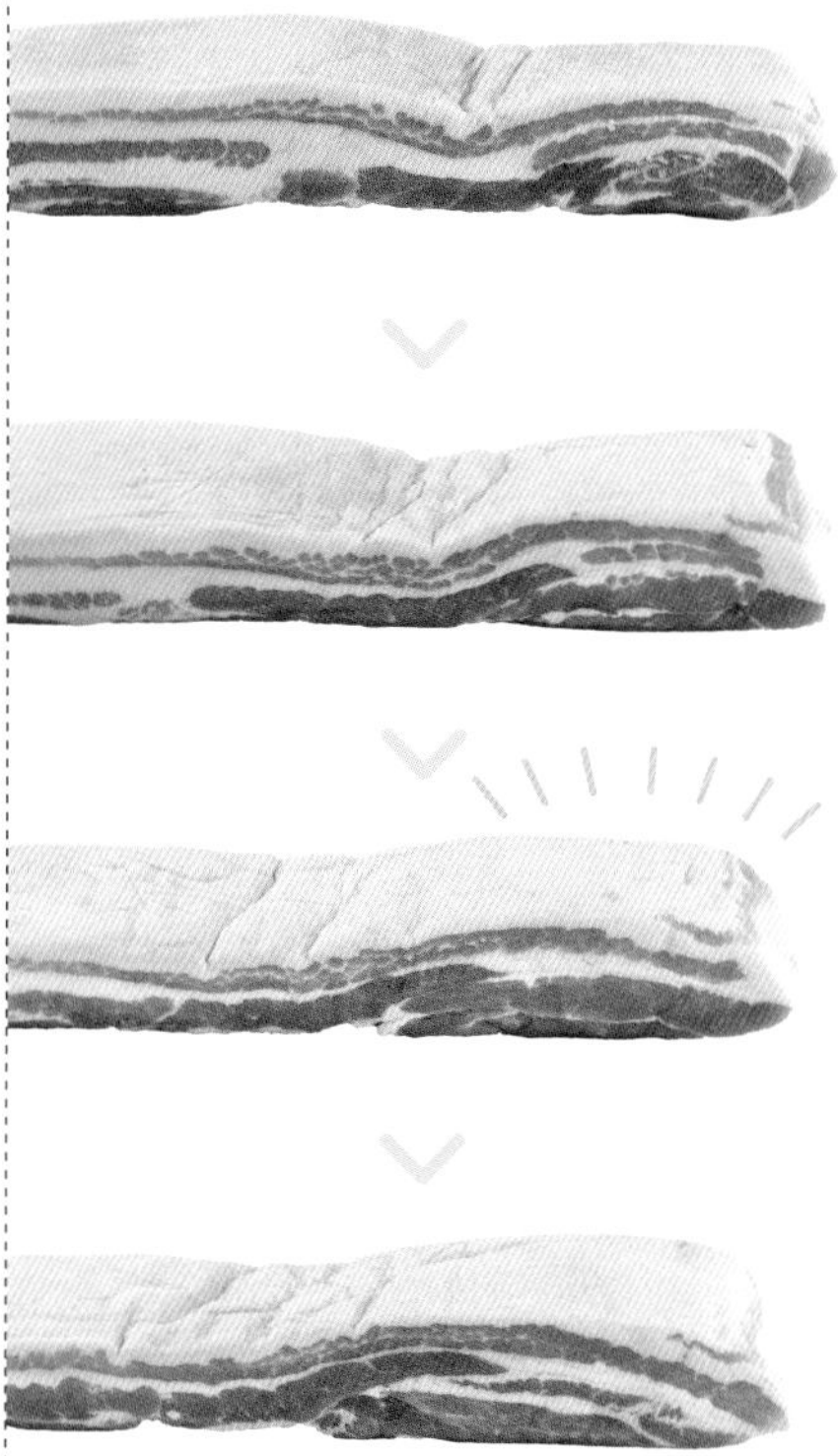

A　2日目（漬けた翌日）

肉と塩が、それぞれまだバラバラ。表面にしか塩気がついていない感じで、味が尖っている印象。

B　3日目

2日目と比べると、鼻の奥に少しだけコクを感じる。しかし塩気と肉の香りに、一体感がまだない。

C　5日目

一気に熟成感のある香りになった。塩気がほどよくしみて、ちょうどいい。肉の臭みも減っている。これがベストかも。

D　10日目

塩気がしっかりしみて発酵臭もあり、もはや生ベーコン。単体で食べるというより、スープにするか、たっぷりの野菜で巻いて食べたい味わい。

＊変化がわかりやすいよう、なるべく同じ形・サイズを選んでいます。

結果

5日目から出てくる

今回は、薄切りにして焼いたもので食べ比べてみたで。ほかにも塩豚は、大きく切って野菜と煮込んでポトフにしても、まるっとゆで豚にして食べてもええで。とりあえずかたまり肉見かけたら、買って塩豚にしとくと「なんかあるわ」っていう安心感がすごいねん

おつまめ知識

ブラックペッパーやカレー粉、よくわからないスパイスもいっしょにすり込むと、生ベーコンのような本格的な味になる。

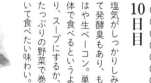

UMAMI

「層」をガブリと、うま味極まる

豚バラミルフィーユ塩角煮

豚の角煮を、じゅわっと噛み切る。そんな夢が現実になったのが、このミルフィーユ塩角煮。一つ一つはボリューミーだが、拍子抜けするほどやわらかい。

ふつうの角煮は2時間仕事。でもこれは、20分で食卓に並ぶ。

しょうがはチューブで作ったら明らかに物足りなかった。生のしょうががたっぷりめがおすすめ。

豚バラ肉は、豚のアバラ骨に近い肉。「あ」が省略されて「バラ肉」になったらしい。骨の近くにはうま味成分がたまりやすい。脂の甘みがガツンときたあと、鼻の奥にしょうがの爽やかさが抜けていく。

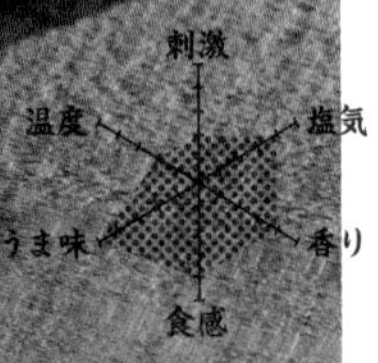

data

食べられるまで 20分

材料

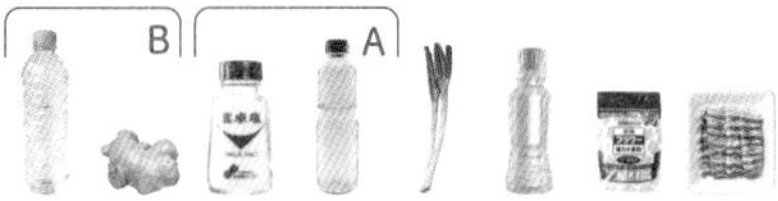

豚バラ肉（薄切り）……12枚（250g）
小麦粉……大さじ1
サラダ油……大さじ1
長ねぎ……1本（100g）
A
みりん……大さじ4
塩……小さじ1
B
しょうが（薄切り）……1かけ
水……½カップ

作り方

① 豚肉をたたみ（下図）、小麦粉をまぶす。
② フライパン（26cm）に油を**中火**で熱し、豚肉を並べる。表裏**2分ずつ**焼き、余分な脂をペーパーでふく。
③ 長ねぎを、4cm長さに切って加える。Aを回し入れて**1分**ほど煮立てる。
④ Bを入れて煮立て、ふたをずらして**弱火**で**10分**煮る。途中で上下を返す。

とくに合うお酒

こうして合わせる

↓にんにくを少しだけ入れる。ブラックペッパーをふる

テツロー：あの、角煮の豚バラ肉って、どうやってたたんだらいいんですか…？

大将：まず、1枚を蛇腹《じゃばら》にたたみます。
だいたい6×5cm幅くらいですかね。

そんで、もう1枚で、
ぐるっと巻きます。
横から巻いてくださいね。
12枚で6組、できますよ。

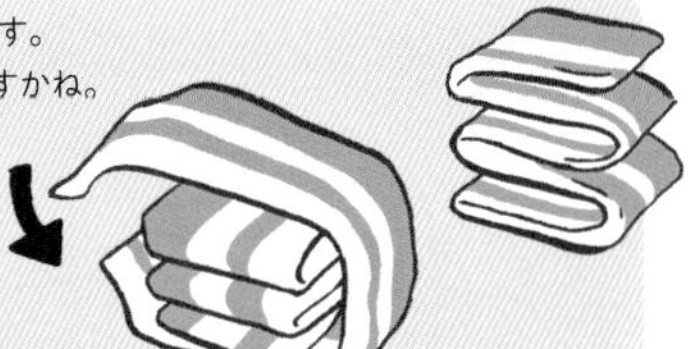

テツロー：ありがとうございます！ けっこう大きくてすごい！ 豚バラって、薄いまま焼くイメージしかなかったんで、びっくりしました

大将：ペラッと焼いてもおいしいけど、層にしたほうがうま味を強く感じるんですよ。一口の中に、脂と赤身の**コン**トラストが生まれるでしょ。これはあくまで自分の感覚やねんけど…1枚の肉にあるいろんな部位のうま味を、同時に味わえるんやないかと思ってます。こういうこと⇩

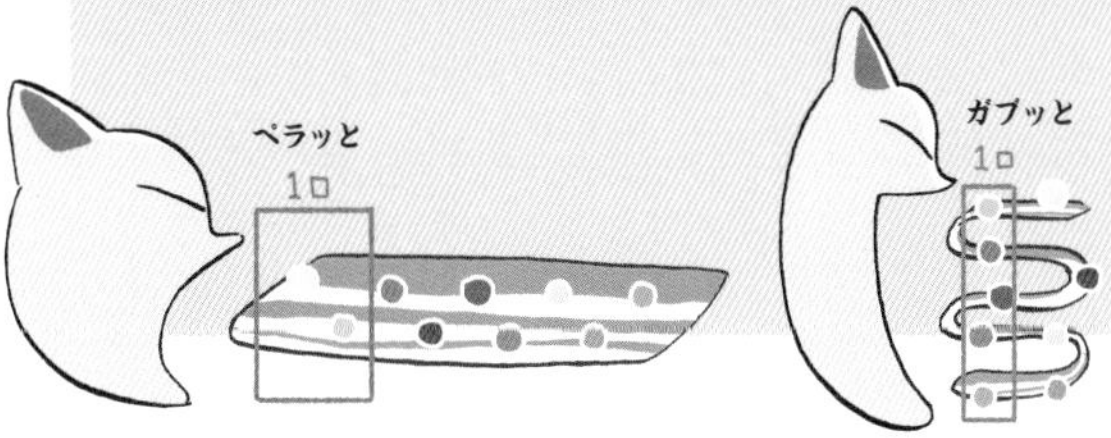

テツローさんが作ってみたら

9月3日

プロセスチーズとナチュラルチーズの違いをはじめて知って目からウロコだったので、カマンベールチーズとベビーチーズ以外を、ついに買ってみた。「コンテ　6ヶ月熟成」と「コンテ　18ヶ月熟成」。どっちがいいのかわからなくて、両方買って食べ比べる。結果、18ヶ月のほうはけっこうクセが強くて、好みを選ぶ感じがしたけど、6ヶ月のほうはかなり食べやすかった。ちょっと高かったけど、一度に大量に食べるわけじゃないし、珍味と思ってちびちび食べればたいして問題ない。いつも飲んでる焼酎にも合って、意外な発見。大将の言ってた、すりおろしてサラダにかけるってのも、やってみたい。ちょっと行為がおしゃれすぎる気もするが、家だもの。いいよね。

9月26日

会社の浅井さんから、じゃがいもをいただいた。どうやら地元が北海道らしい。「いつも実家からバカみたいに送ってくるんですけど、もうじゃがバターも飽きちゃって。子どもたちはフライドポテト食べたがるんですけど、揚げ物ってめんどくさいですしね」と、苦笑いしていた。この前大将に教えてもらった「炒めるフライドポテ

ト」を教えようかと思ったけど、一度も自分で作ってないことに気づいてやめた。で、帰ってから試しにじゃがいも1個だけで作ってみたら、ちょっと驚くほどうまかったので、ビール2本目いってしまった。冷めてもカリカリしてるし。「炒める」っていうより「焼き炒め」っていう感じで作りやすい。明日お礼といっしょに、話してみよう。でもちょっと、押しつけがましいかな？料理の話題は、万能なようで、意外と気をつかう。

10月20日

スーパーであじの刺身が安かったので「そうだ、なめろう作ろう」と買って帰った。なめろうなんてプロっぽいもの、自分で作る日がくるなんて。明日は土曜だし、この前ナナミがくれた、京都の地酒をあけてみた。べらぼうにうまかった。で、なめろう、大将がすすめてた「20回たたき」で一度味見してみたけれど、うーん、もうちょっとなめらかにしたいと思ってしまった。だって「なめろう」だぜ？ あ、だぜ、とか言ってしまった。なんだろう、自分の出した答えを主張したいという気恥ずかしさだろうか、こういう芝居めかした語尾を使ってしまうのは。いや、そんなことはどうでもいい。結局、50回、70回とたたき続けてそれ以降数えられなくなってしまった。だからたぶん、70回くらいが自己ベストだ。なんだ自己ベストって。大会じゃあるまいし。そうとう酔ってるな、オレ。オレとか言ってるし。さっさと寝よう。

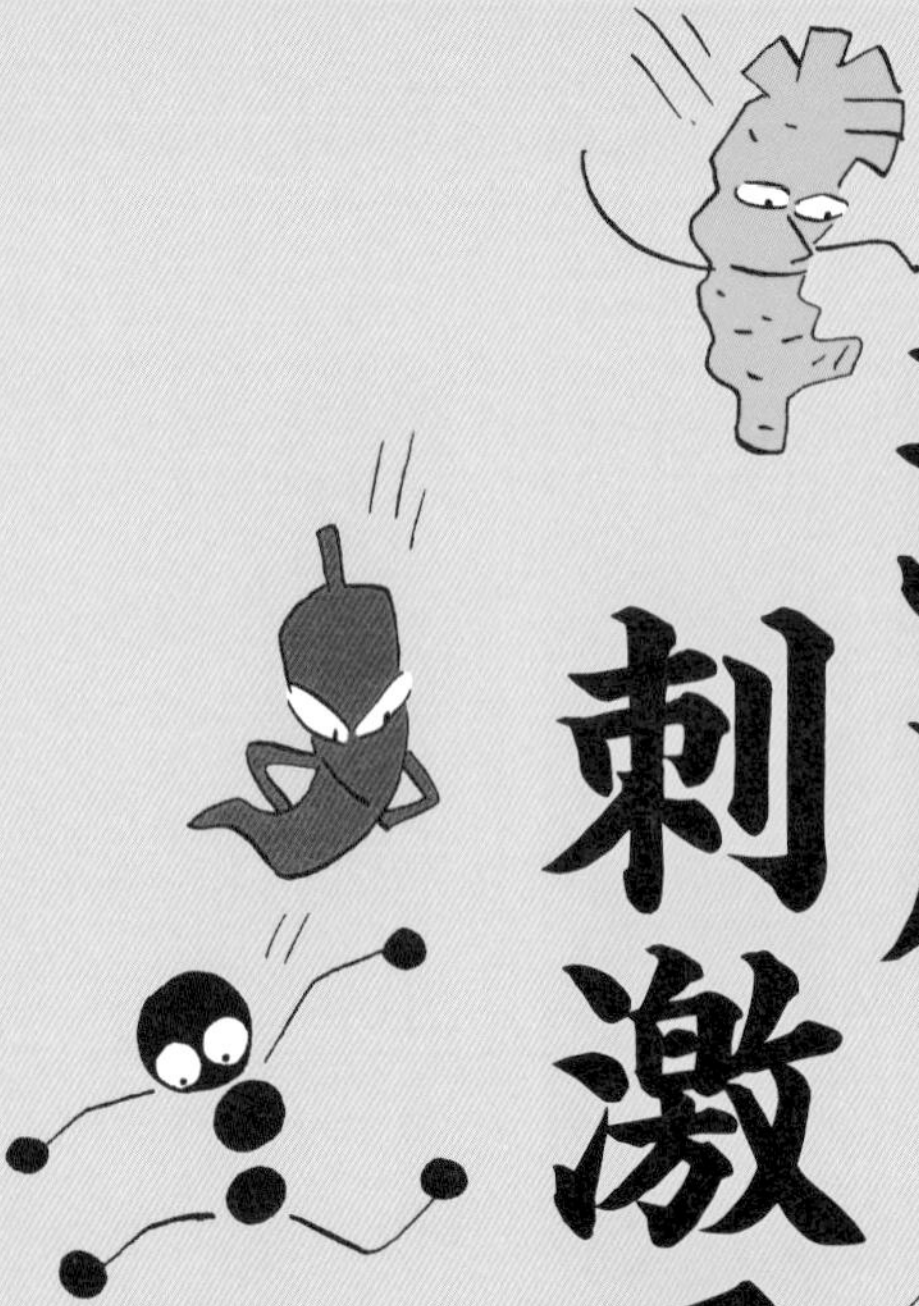

温度と刺激で飲む

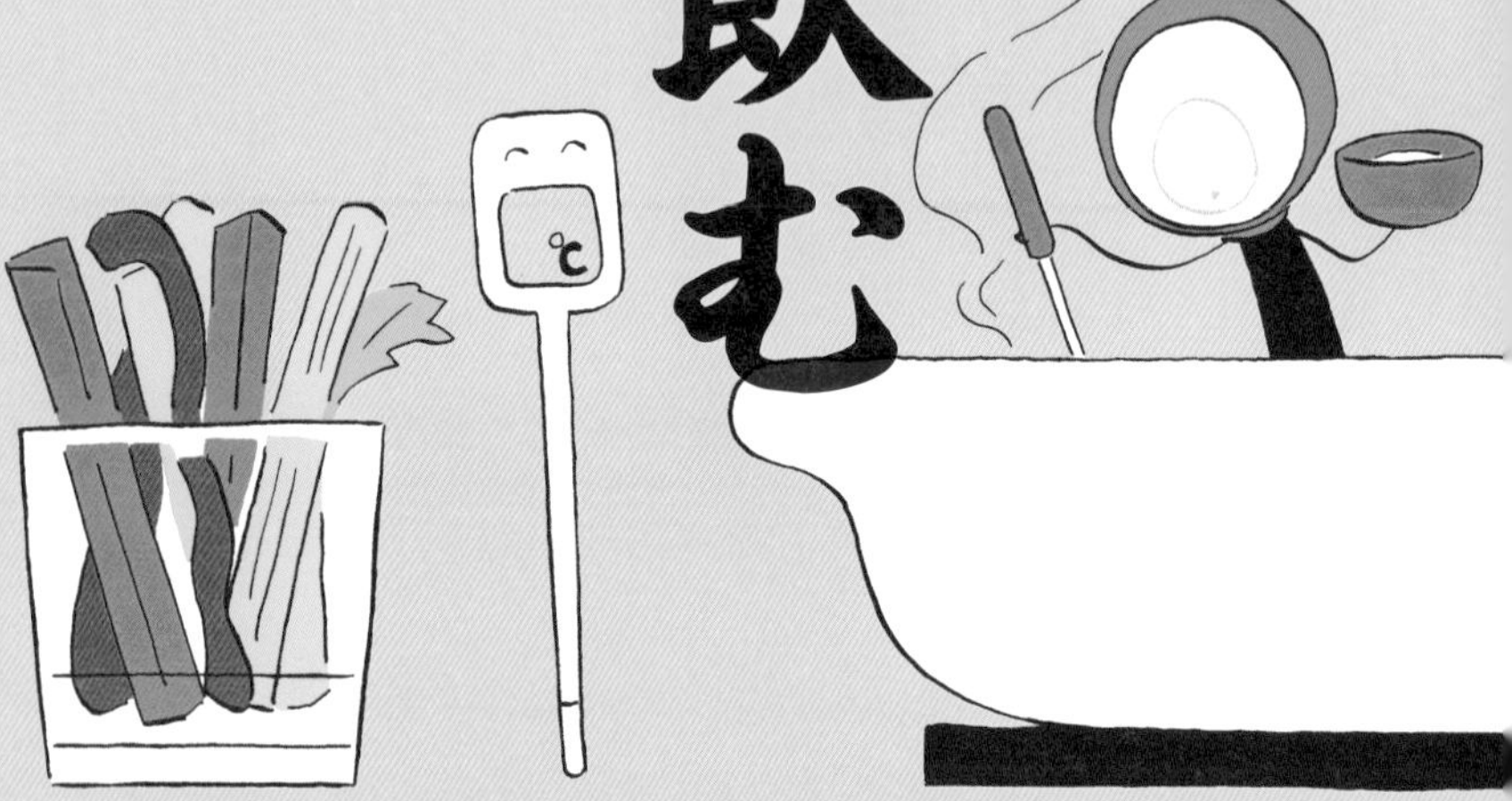

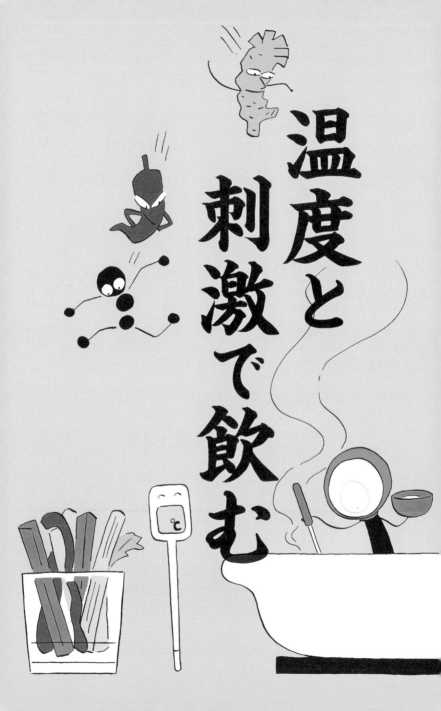

ポリッ
これだ…
これですよ！
こういう野菜スティックが食べたかった！
大げさやなあ
僕が作ったのと何が違うんですかね？
切り方？ディップの味？
ポリ
それもあるけど
サッサッ
いちばんは「温度」やな
この野菜スティックは5℃に冷やしてある
ヒェ〜
え！
うち体温計しかないんですが…
そんな難しいことちゃうよ
2〜5℃
冷蔵庫の棚は2〜5℃くらい
場所にもよるけど
だから、8時間入れといたら勝手にええ温度になってくれてる
キラリーン
それならできる！

人がおいしく感じる温度って、体温との差が25℃前後のものって言われてる
60〜70℃くらい
36℃くらい
36.0℃
5〜11℃くらい
体温より高いものはぐつぐつお鍋、熱々ラーメンとか
ウンウン
たしかにぬるいラーメンとかみそ汁は遠慮したいですね
熱いとだしの香りも立つしな！
60℃
にんにくも油に入れて熱したほうがええ香りするやろ
食欲そそります〜
あと脂肪分も温度と関係してる
℃
基本的に冷やしておいしいのは脂肪分が少ない食べ物
カルパッチョとか冷やしトマトとか
野菜スティックも
そそ

さらに大事なのが温度の変化やな
60℃
5℃
冷たい冷やしトマト
口の中で温度が上がり
グルタミン酸のうま味が広がる…
うま
み〜
最初からぬるい状態ではこれは味わえへん
冷やしトマトにそんなストーリーが…!
Tail's of HIYASHI TOMATO
そもそも、お酒を飲むこと自体が変化の連続よな
最初枝豆とビールで始めて1時間後も同じでいけるか?
ちょっとキツい…お酒もおつまみも変えたいです
刺激がほしいっていうか
温度と刺激は切っても切れへん関係や
だからこんなグラフを作ってみた
ピ
はい、来た!
うおっ
刺激!

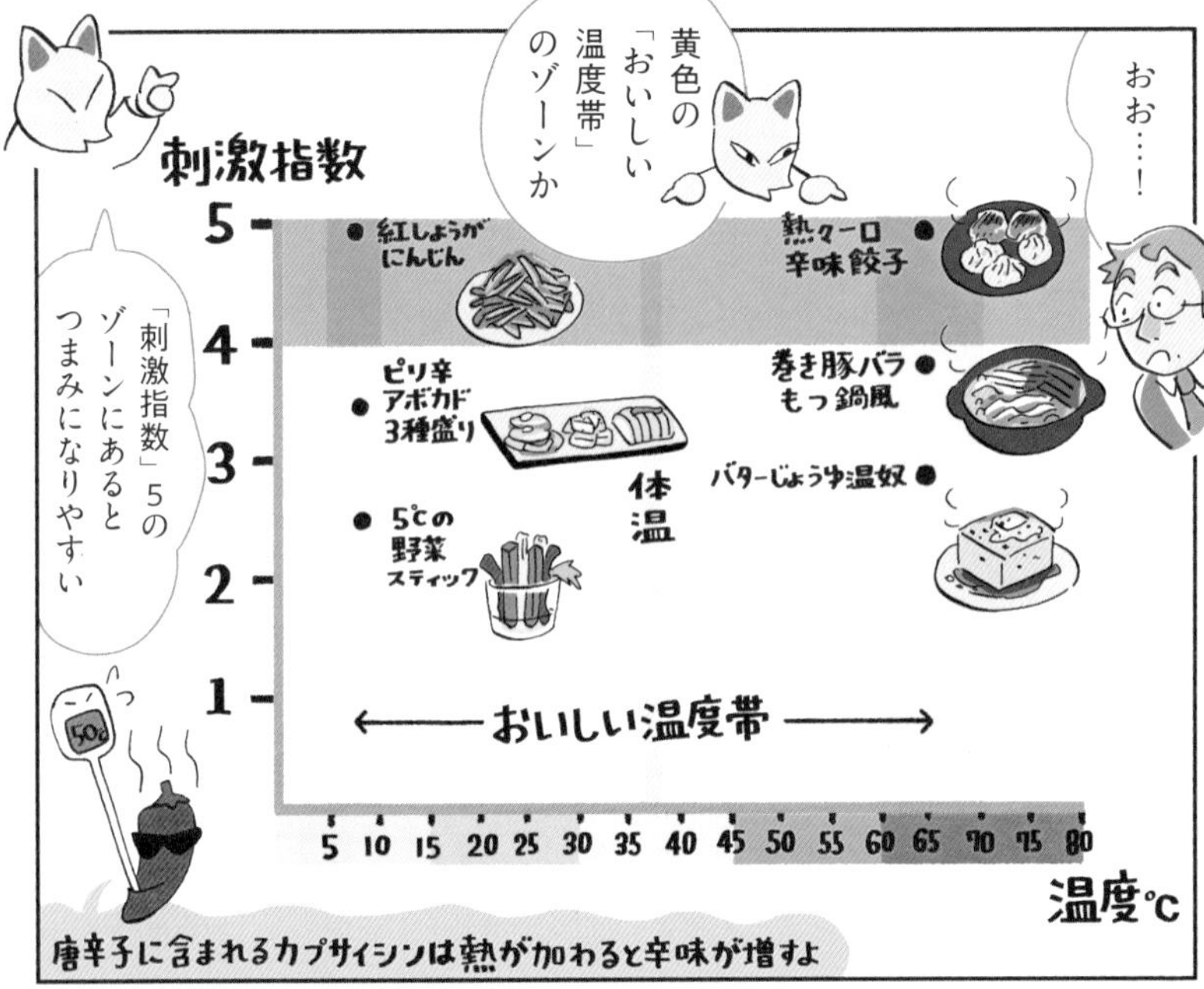
刺激指数
黄色の「おいしい温度帯」のゾーンか
おお…！
「刺激指数」5のゾーンにあるとつまみになりやすい
紅しょうがにんじん
熱々一口辛味餃子
ピリ辛アボカド3種盛り
巻き豚バラもつ鍋風
体温
バターじょうゆ温奴
5℃の野菜スティック
おいしい温度帯
50℃
5 10 15 20 25 30 35 40 45 50 55 60 65 70 75 80
温度℃
唐辛子に含まれるカプサイシンは熱が加わると辛味が増すよ

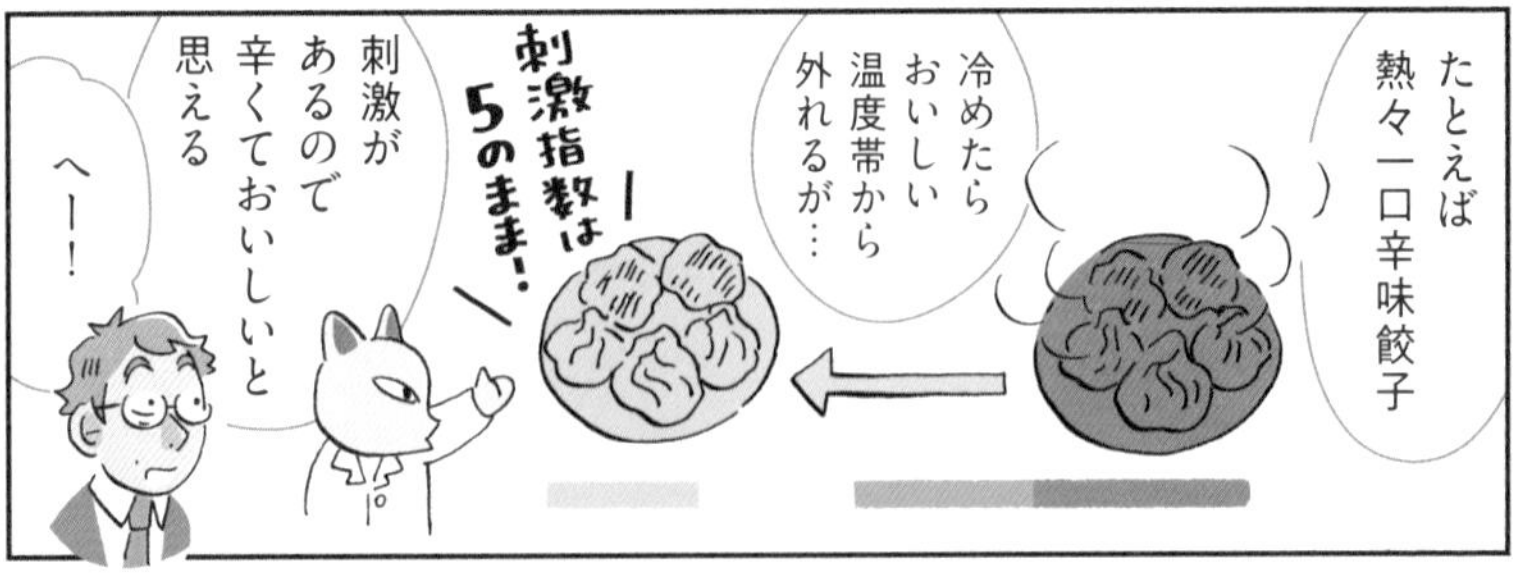
たとえば熱々一口辛味餃子
冷めたらおいしい温度帯から外れるが…
刺激指数は5のまま！
刺激があるので辛くておいしいと思える
へー！

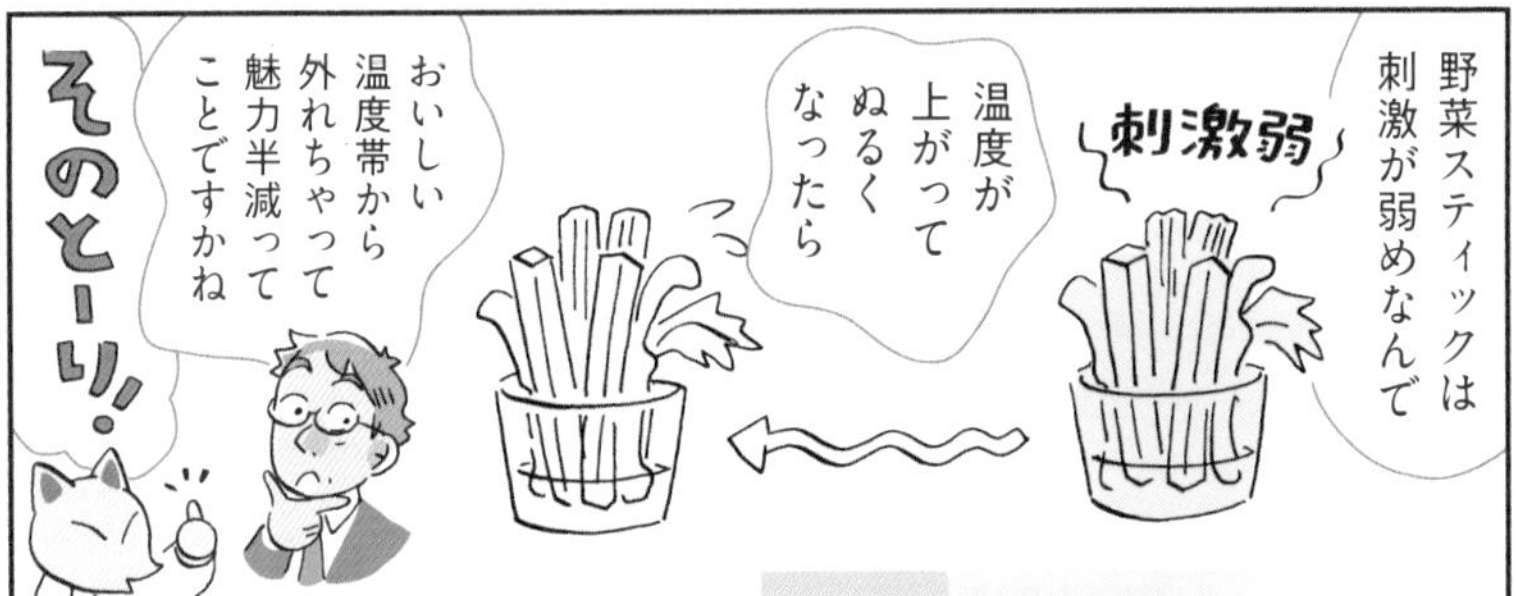
野菜スティックは刺激が弱めなんで
刺激弱
温度が上がってぬるくなったら
おいしい温度帯から外れちゃって魅力半減ってことですかね
そのとーり！

でも刺激って主観的なことですよね
辛いのに強い人もいれば弱い人もいる
そう！するどいな
テツローさん この曲、どう思う？
ポチ
ガガン♪
ジャ〜〜ン♪
ズズダダ
ズズダダ
うるさ〜
ポチ
刺激強すぎたな
でもオレは普段から聴いてるから刺激になれへん
こういう曲好きなんだ
ブン♪
ブン♪
たまにクラシックとか聴くと刺激になる
何が言いたいかっていうと刺激って「日常」からの変化があることやな
あまり見ないジャンルの映画を見る
いつもと違う道を通る
おつまみもそんな刺激を探していくんがええと思うわ
新しい食べ方してみたり買ったことない食べ物試したりな
それいいかも！
数日後
買っちゃった…ロマネスコ…
さてどうやって食べるんだこれ？
つづく

コンビニで買った材料で

豆乳わさび冷奴

【材料】

絹ごし豆腐…½丁（150g）
豆乳…大さじ1・½
しょうゆ…大さじ½
削り節…好きなだけ
わさび…好きなだけ

【作り方】

① 豆腐・豆乳はよく冷やす。
② 水気をきった豆腐を器に盛り、豆乳をかける。しょうゆ、削り節、わさびをのせる。

豆腐は9割がほぼ水分。だから、しょうゆをかけただけだと当然水っぽい。少しでも濃くしたくて、豆乳をかけてみた。冷たい喉越しのあと、わさびがガツン。焼酎のお湯割りが食道を通り、胃の形にじんわりあったまる。

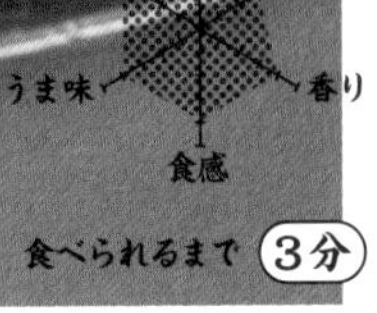

食べられるまで 3分

疑いすら抱くうまさ

バター じょうゆ温奴

材料

絹ごし豆腐…½丁（150g）
バター…10g
しょうゆ…大さじ½
ブラックペッパー…好きなだけ

作り方

①豆腐を器に盛る。バター、しょうゆをのせ、レンジに**1分30秒**ほどかける。ブラックペッパーをふる。

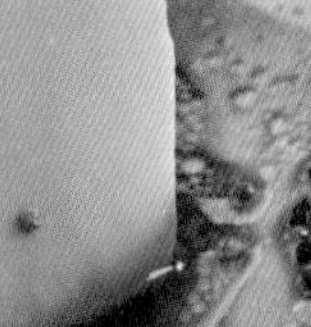

食べられるまで 3分

この温奴は、バターじょうゆの威力がすごい。あつつあつをスプーンではふはふほおばると、冷えたハイボールが喉に弾ける。氷のカランという音で鎮まったのもつかのま、すぐにはふはふ、もう一口がほしくなる。

辛味変われば、別世界

ピリ辛アボカド3種盛り

王道わさびじょうゆ

合うお酒 

わさびのワサビオール

「まんまやん」と言いたくなる辛味成分の名前。わさびのオンリーワンぶりを感じる。アボカドは薄くスライスすると、舌に貼りついてとろけていく。

いずれも
アボカド½個につき

―材料―
わさび…小さじ1
しょうゆ…小さじ1

アボカドは脂肪分が果肉の約20％も含まれているため、なめらかでクリーミー。だけどそのやさしさゆえに、お酒を添えるとパンチが弱い。そこで、塩気だけでなく辛味を足して、「つまみ化」したのがこの3種だ。

食べられるまで 5分

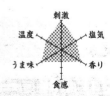

ブラックペッパー塩レモン

こしょうのピペリン

人形劇のキャラクターみたいな名前だけど、こしょうのこしょうらしさを支えるスパイシーな香り。塩レモンがアボカドに合わないわけがない。泡か白ワインが冷えている日に。

合うお酒

にんにく塩ラー油

唐辛子のカプサイシン

アボカド＋ラー油は、過剰ではなく極上。あまりにもハマりすぎて、なぜ今までやってこなかったのか悔しい。ドライなビールにもってこいの味。

合うお酒

【材料】
- オリーブオイル…小さじ2
- レモン汁…小さじ1
- 塩…小さじ1/4
- ブラックペッパー…小さじ1/2

【材料】
- ラー油…小さじ1
- 塩…小さじ1/4
- にんにく（すりおろし）…少々

アボカド一句
「アボカド」は　もう「アボガド」で　ええんちゃう？

何℃がおいしい？実験レシピ

［材料］

にんじん…1/2本
セロリ…1/4本
パプリカ…1/4個

［作り方］食べられるまで 6時間5分

それぞれ1cm角、長さ10cmほどのスティック状に切る。ボウルに水を張り、野菜を入れる。

ただスティック状に切るだけだと、なぜか物足りない野菜スティック。そこで、おつまみの6つの軸をふり返り、食感はもちろん、ここは「温度」が重要なのでは？　と仮説を立てた。にんじんに絞って、室温14℃、湿度25％で計測し、食べ比べてみると……？

A 冷やさず そのまま出す

18.3℃

かじった第一印象は「ぬるい」。ただ、ふつうの野菜スティックって、だいたいこんな感じ。にんじんの甘みはしっかりある。

そもそもどうしてパリッとするのか？ それは、皮をむいて切っているむき出しの状態なので、水が入ってきやすいから。ガードするものがなく、表面積も増やしているため、冷たい水が野菜の中に入り込み、みずみずしくなるのだ。

data
とくに合うお酒

野菜スティックは

B 冷蔵庫に
8時間入れる
2.8℃

びっくり。もはやにんじんじゃない硬さ。水しぶきが上がるくらいポリッポリの食感で、冷たくておいしい。難があるとすれば、少し水っぽいか。でも、それを上回る快感がある。

C 冷蔵庫に
1時間入れる
7.8℃

8時間のあとで食べたからか、やや食感は物足りない。ただ、これでもけっこう冷えていて、比べなければおいしく食べられる。にんじん本来の甘みも感じられた。

D 冷凍庫に
10分入れる
13.3℃

第一印象に冷たさはあるが、芯まで冷えている感じがしない。急いでいるときは使ってもいいが、ちょっと忘れると凍ってしまうリスクも。

結果

「5℃」がおいしい

上の数値は、冷えやすい業務用の冷蔵庫から出して、すぐに中心温度を測定しているので、かなり冷たく出ている。このあと実際には、器に並べている5分の間に、それぞれ2〜3℃上がっていた。そのため、もっとも食感がよかった**B**の温度を、当研究所の結論とした。

パプリカに合う

マヨネーズ（大4）、粉チーズ（大2）、レモン汁（大1）、砂糖・サラダ油（各小1）を混ぜる。

セロリに合う

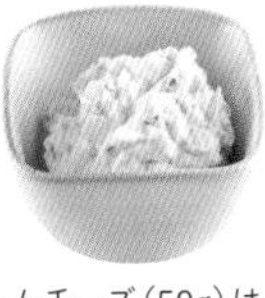

クリームチーズ（50g）はよく練り、ブラックペッパー（小½）、塩（3つまみ）、にんにく（すりおろし・少々）を混ぜる。

にんじんに合う

カレー粉（小½）、塩（小1）、砂糖（2つまみ）を混ぜる。

おつまめ知識
この3つの野菜は、水に溶けやすいビタミンCよりもビタミンAやEが多いため、水につけても比較的栄養の損失が少ない。

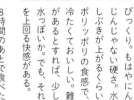

1億人に食べてほしい

紅しょうがにんじん

紅しょうがは、すっぱい？ いや、じつは塩気をしっかり感じるのでお酒に合うのだ。にんじんで中和し、マヨでコクを出したら、おつまみとして最適な味わいに。口の中に残るピリッとした刺激のあとで、お酒が少し甘くなる。

食べられるまで 5分

材料

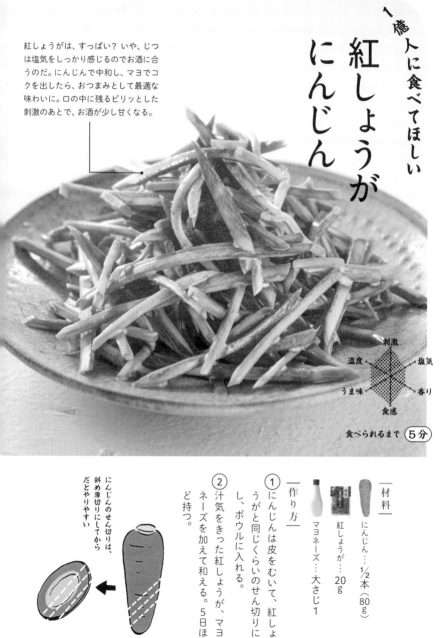

にんじん…1/2本（80g）
紅しょうが…20g
マヨネーズ…大さじ1

作り方

1. にんじんは皮をむいて、紅しょうがと同じくらいのせん切りにし、ボウルに入れる。
2. 汁気をきった紅しょうが、マヨネーズを加えて和える。5日ほど持つ。

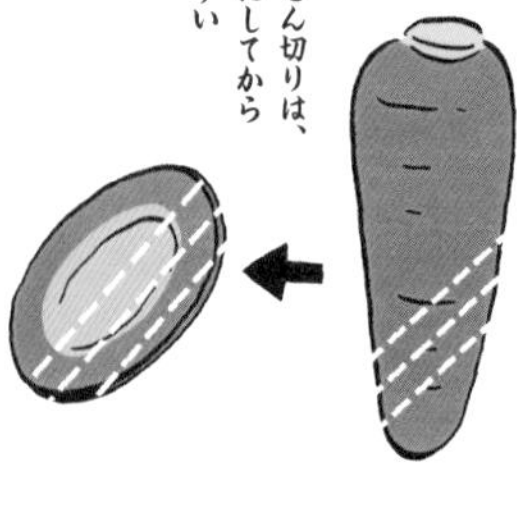

にんじんのせん切りは、斜め薄切りにしてからだとやりやすい

何もなくてもこれがある

わさび飲み 辛子飲み

刺激
塩気
香り
食感
うま味
温度
食べられるまで 1分

なんかちょっと目先を変えたい。そんなとき、冷蔵庫からチューブのわさびを出してこよう。小皿に出して、酢をちょろり。箸先でつまんでのりにのせ、パリッと巻いて、口にポン。特有の、ツンとくる刺激が酒をよぶ。

じつはチューブのわさびや辛子って「塩」入ってんねん。だから、刺激のある「塩飲み」みたいなもんやな

材料

わさびチューブ…好きなだけ

辛子チューブ…好きなだけ

酢…好きなだけ

のり…好きなだけ

作り方

① 小皿にわさびと辛子を出し、酢を入れる。のりにのせていただく。

思った以上に完成された味

オニオンスライスと言えば、削り節と卵黄。それを超えたのがこの「塩昆布ラー油オニスラ」。玉ねぎのクセになる辛味に、しっかりとした塩気。華やかなラー油の香りが、お酒のすき間にちょうどいい。

作ってすぐ食べてもよし、少しおいてしんなりしてから食べてもよし。玉ねぎがあると「あ、あれ作ろ」とリピートしてしまうこと確実。

オニオンスライス塩昆布ラー油

刺激
塩気
香り
食感
うま味
温度

食べられるまで 3分

材料

玉ねぎ…1/2個（80g）
塩昆布…10g
酢…小さじ1
ラー油…10滴

作り方

1. 玉ねぎは薄切りにする。ボウルに入れ、水にさっとくぐらせて水気をきる。
2. 塩昆布、酢を入れて手でもみ、ラー油を加えて和える。

「淡さ」と「軽さ」が酒に合う

長ねぎナムル

「つまみは塩」派にもすすめたい、シンプルつまみ。のりで巻いても、カマンベールチーズにのせても、焼いた塩豚と合わせてもおいしい。だけど、このまま「軽さ」で飲むのが大人の晩酌。ごまがけっこういい仕事をする。

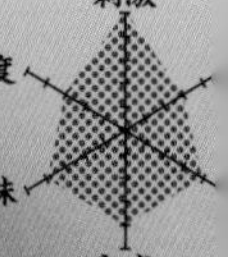

食べられるまで

材料

長ねぎ…½本(50g)

ごま油…小さじ1

しょうゆ…小さじ1

酢…少々

すりごま…小さじ1

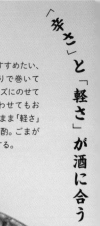

作り方

① 長ねぎは、斜め薄切りにする。ボウルに入れ、水にサッとくぐらせて水気をきる。

② ごま油を加えて手でもみ、しょうゆ、酢の順に混ぜる。ごまをふる。

「塩豚」感覚で仕込んでアレンジ

一晩ねかせたおでんの大根

この大根は、塩豚のように「野菜のかたまり肉」感覚で仕込んでおく。火が通っていて味もついているので、表面をバターで焼いて大根ステーキにするなど、味変しながら楽しめる。

このおつまみの試作は、秋口に始めたのだが、1月に入ってから再度試作すると、ぜんぜん味が違った。箸の入り方もやわらかく、みずみずしさと口溶けが段違い。12〜2月は、一年分の大根を食べるつもりで作ることをおすすめする。

食べられるまで **24時間**

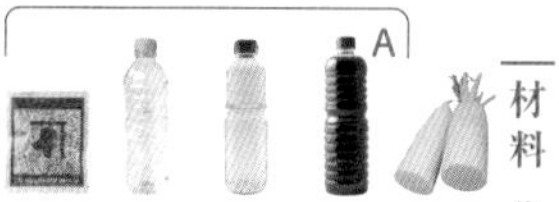

材料 作りやすい量

大根…½本（500g）

A
- しょうゆ…大さじ1・½
- みりん…大さじ1
- 水…1カップ
- 削り節…1パック

作り方

① 大根は皮をむいて、2㎝幅の半月に切る。

② 耐熱皿に並べ、ふんわりラップをしてレンジに**15分**かける。取り出してそのまま**20分**ほど冷ます。保存容器に入れて並べる。

③ 小鍋にAを入れ、**中火**にかける。混ぜながら煮立てて**2分**たったら、ざるや茶こしでこしながら大根にかける。軽く上下を返し、粗熱がとれるまでおく。

④ そのまま冷蔵庫で一晩。いただくときに熱々に温め直す。7日ほど持つ。

とくに合うお酒

こうして合わせる

↓ バターをのせる

↓ ハイボールにする

大根に味がしみていくしくみ

砂漠

まず、レンジで加熱することで、大根の水分が抜ける。冷ますうちに表面がどんどん乾いていく。そう、大根は今、砂漠だ。レンジだと水にさらされないので、うま味が抜けにくく、甘みも感じやすくなるのだ。

オアシス

そんな大根を、あったかいだし汁に漬けると、ぐんぐん吸っていく。これが水を得た大根か。さらに一晩ねかせることで、中心まで味がしっかりしみ込んで、どこを食べてもだし汁で満たされた「だし充大根」になるのだ。

じつは、コンビニのおでんって、煮てない説もあるんや。
というのも、大根の角がピンと尖ってるやろ？
コトコト煮るのもええけど、どうしても煮崩れやすくなる。
「漬ける」ほうが味もしみて、形もきれいやねん

猫舌の方は要注意！

熱々一口辛味餃子

ああ、家でも一口鉄板餃子が食べたいな……と考えた結果、餃子の皮をやめました。選んだのは、小さくて薄いワンタンの皮。これで丸一く包みます。

「かじる」ではなく「一口でほおばる」ので、熱々が直で口の中に来ます。

辛さのポイントは、酢ラー油をつけて食べること。たねにしっかり味があるので、たれに塩気は不要。もし辛いのが大好きなら、たねにもラー油を入れて、さらに辛くしても。

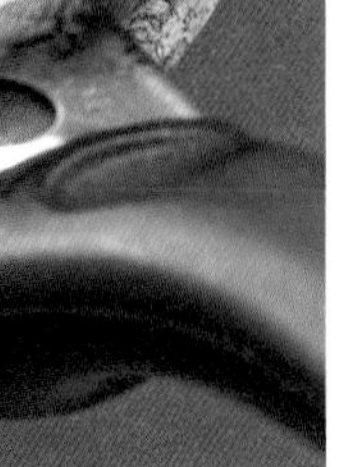
刺激
塩気
香り
食感
うま味
温度

data

とくに合うお酒

こうして合わせる

↓キリリと冷やせばOK

食べられるまで 30分

材料

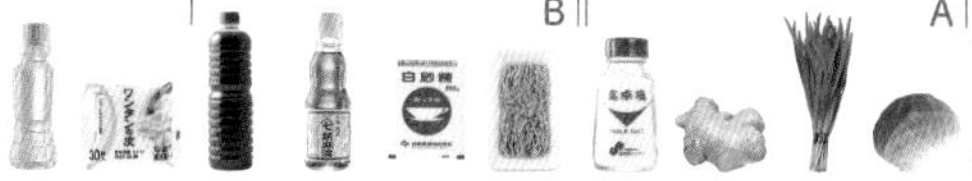

A
- キャベツ…約2枚（70g）
- ニラ…1/3把（30g）
- しょうが（すりおろし）…1/2かけ
- 塩…ひとつまみ

B
- 豚ひき肉…100g
- 砂糖…大さじ1
- ごま油…小さじ2
- しょうゆ…小さじ2

- ワンタンの皮…1袋（24枚）
- サラダ油…適量

しょうがは5mm幅に切ってラップに包んで、冷凍しておくとこのまますりおろせます

① キャベツは粗みじん、ニラは2mm幅に切る。

② ボウルにAを入れて**1分**よくもみ混ぜ、Bを加えて**1分**ほど指先で練り混ぜる。

③ 小さめのバットに入れて、24等分する。

④ ワンタンの皮にたねをのせて縁を水で濡らし、1つの角に向けてひだを寄せていく。

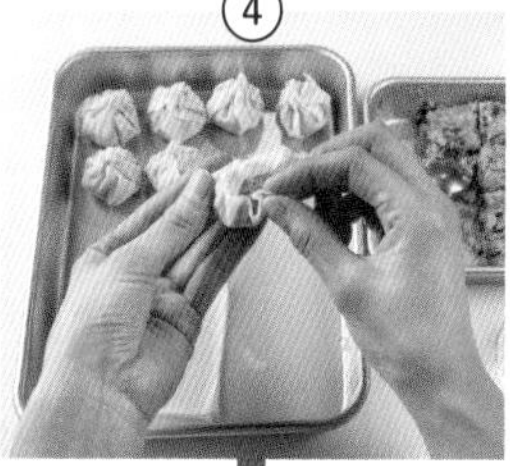

⑤ フライパン（20cm）に油を**中火**で熱し、8〜10個、重ならないよう並べて**2分**ほど焼く。水（1/3カップ）を注ぎ入れる。

⑥ ふたをして**5分**蒸し焼きにする。ふたを取り、動かさず**1〜2分**焼き、しっかり焼き色がついたら完成。

猫舌あるある
いつまでたっても自分が猫舌であることを認められず、「今回はいける」と思ってしまう。

もつじゃなくても、こってり辛うま

巻き豚バラもつ鍋風

もつ鍋は、じつはこの４つの要素でできている。①にんにく②みそ③唐辛子④豚の脂。つまりこの４つがそろえば、もつがなくても「あの味」になるのだ。スタミナ感と、甘みとコク。それに辛味が加われば、疲れの奥に隠れた元気が目を覚ます。

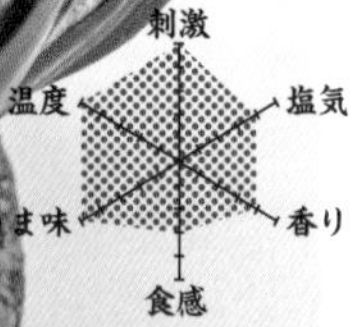

食べられるまで 15分

材料

豚バラ肉（薄切り）…7〜8枚（200g）
にんにく（薄切り）…2かけ
もやし…1袋（200g）
ニラ…½把（50g）

A
水…1・½カップ
みそ…大さじ3
みりん…大さじ1
赤唐辛子（小口切り）…2本

作り方

① 豚肉は1枚を端からくるくる巻く。ニラは5cm長さに切る。
② 鍋（20cm）に豚肉、にんにく、もやしを入れ、混ぜたAを注ぐ。
③ ふたをして**中火**にかけ、煮立ったらニラを加えて**弱火**で**3分**ほど煮る。

塩気が抜けるとベーコンは本気出す

ベーコンレタスしゃぶしゃぶ

ベーコンは、塩気が抜けるとただの「うまい肉」になる。さらにベーコンから出るだしが半端なくおいしいので、鍋のレタスがつまみに変わる。

食べられるまで 10分

材料

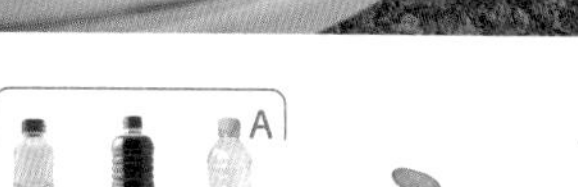

- レタス…1/2玉(100g)
- エリンギ…1本
- ベーコン(ハーフ)…20枚
- A
  - 水…3カップ
  - しょうゆ…大さじ3
  - みりん…大さじ3

作り方

1. レタスは1枚ずつはがし、縦半分に切る。エリンギは5㎜の薄切りにする。
2. 鍋(20㎝)にAを入れ、**中火**にかけて煮立てる。
3. ベーコンと野菜を鍋に加え、火を通しながらいただく。

辛子、ブラックペッパー、レモン汁を混ぜて、つけて食べてくださいね

家で無理やりソロキャンプ
お魚缶詰 熱々チーズ焼き

ツナはまぐろ。オイルサーディンはいわし。さば缶はさば。つまり缶詰は、青背の魚が原材料。「今日は肉じゃないんだよな」「でも刺身でもないしな」という日に、手軽に魚をとれる一品になる。

熱々オイルサーディン

|材料|

オイルサーディン……1缶
レモン（いちょう切り）……4枚
しょうゆ　小さじ1
ミックスチーズ　20g

|作り方|

まず、缶の汁を少し捨て、具と調味料を混ぜてミックスチーズをかける。加熱するときは、オーブントースターか、グリルで5〜8分。取り出すときは、トングやミトンを使って、気をつけて皿にのせよう。

data

とくに合うお酒

食べられるまで 10分

熱々さばトマト

【材料】

さば水煮缶…1缶
ミニトマト（輪切り）…3個
しょうゆ…小さじ1
ミックスチーズ…20g

熱々にんにくツナ

【材料】

ツナオイル缶…1缶
細ねぎ（小口切り）…2本
にんにくチューブ…小さじ½
ミックスチーズ…20g

最近は少ないけど、缶のまわりに紙巻いてあるやつあったら取ってね。燃えるよ！

「ローリングストック」という言葉がある。災害時に備えて、多めに食材を備蓄しておいて、それを日常生活で使ってまた買い足すこと。これ、それに使えるんじゃない？　めちゃくちゃおいしくローリングストッキングできるおつまみが誕生。

テツローさんのひとりごと
缶詰の賞味期限を見ると、「この日まで世界は続いているのだろうか」と考えてしまう。

旬じゃなくても、もぎたて完熟

冷やしトマトに塩わさび

材料

トマト……1個（150g）
塩……小さじ1/6
砂糖……2つまみ
わさび……小さじ1

作り方

① トマトは6〜8等分のくし切りにする。
② 器に広げ、塩・砂糖をふって**20分**冷蔵庫でおく。わさびをのせていただく。

居酒屋メニューの定番、冷やしトマト。だけどあれ、つまみじゃなくて、箸休め。そもそも酸味があるものはお酒に合いづらい。そこでもう一歩、トマトを「つまみ化」させてみた。

ポイントは「砂糖塩」。塩気と甘みを加えることで、酸味をおさえる。わさびを多めにのせて、尖った刺激を。じつは「砂糖塩」はトマトのグルタミン酸のうま味を最大化させる効果もある。完熟感が増し、野性味が引き出され、その香りもまた肴になるのだ。

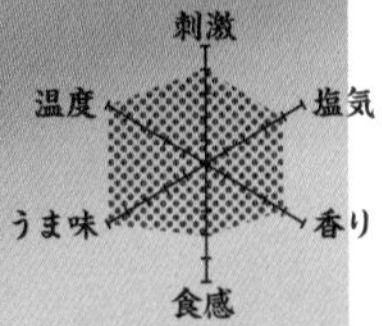

食べられるまで 25分

トマトじゃ飲めない？　誰が言った？

焼きトマトチーズ

材料

トマト……1個（150g）

粉チーズ……大さじ1

オリーブオイル……小さじ2

塩……少々

こしょう……少々

作り方

①トマトは横半分に切る。切り口に粉チーズをまぶしつける。

②フライパン（20㎝）にオリーブオイルを**中火**で熱し、トマトの切り口を下にして入れて**2〜3分**焼く。

③チーズが焼けたら、返して**30秒**ほど焼いて取り出す。塩・こしょうをふる。

トマトは加熱すると、酸味が飛んで甘みが引き立つ。そこにチーズの脂肪分と香り高い塩気が加わると、まるでかじるトマトソース。

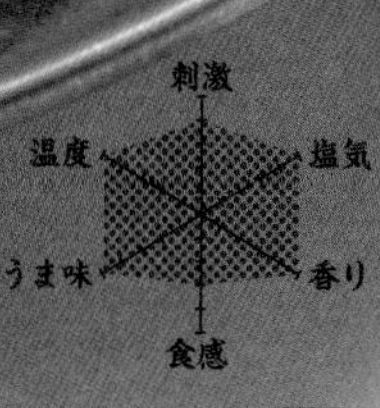

食べられるまで　8分

LABORATORY

食べるには？ 実験レシピ

店で「かつおのたたきって、途中で飽きちゃうんだよね〜」と話しているギャルをみつけた。なるほど。でもその「飽きる」を打破するのが「刺激」の力。そこで、ギャルの会話を聞いて、味変しながら出してみた。

味その1

しょうゆ（小2）
しょうが（すりおろし・½かけ）
青じそ

1切れ目

え、なんか出てきた。かつおのたたき？ サービス？ じゃあ遠慮なく、いただきまーす。うまー！ かつおって久々食べたけどうまー！ 実家で食べて以来かも！

2切れ目

うん、鬼うまい！ しょうがの香り？ が、焼酎とめっちゃ合うわー。はー、でもなんか、もう満足しちゃった感じかも。え、まだあと4切れあるんだ？？？

3切れ目

え、やば。お店の人が味変してくれたんだけど。どういうコンセプト？ え、待ってこれ、うまっ！ あたしごま油めっちゃ好きなんだよね。あービールほしい。すみませーん！

4切れ目

はー、ビールうまいわー。なんかこの、かいわれっつーの？ 辛くて好きだわー。じつはあたし辛党なんだー。え、もう1切れ？ うーん、そろそろから揚げとか食べたくない？

味その2

しょうゆ（小2）
ごま油（小½）
にんにく（すりおろし・¼かけ）
かいわれ菜

data

とくに合うお酒

こうして合わせる

↓

かつおの金気《かなけ》が気になるので、甘口は避ける

かつおのたたき、飽きずに

結論

2切れごとに味変せよ

うちでは
けっこう厳密に
2切れあたりの分量
測ったけど
ざっくりでもいいで

味その3

マヨネーズ（大1）
しょうゆ（小½）
にんにく（すりおろし・¼かけ）
オニオンスライス

5切れ目

うそ、またお店の人が味変してくれたの？ 神じゃね？ ……うま！ え、待って。これ何？ マヨ？ しょうゆマヨ？ かつおにしょうゆマヨとか、考えた人まじ天才じゃね？

6切れ目

はーお腹いっぱい。結局、ぜんぶ食べちゃった。飽きたとか言って、うちらわがまま？ でもさ、たぶんさ、かつおのたたきってすっっっごいうますぎるんじゃね？ うまさの衝撃がすごいから飽きちゃうだけっつーか。え、なに、ミワって高知出身なの？ ちょっと早く言ってよ！ かつお好き！ かつおLOVE！ かつおForever！ Yeah！！

ギャルあるある
軽い口調で真理を言う。

「冷凍庫の20分」で温度差を作る

鯛のカルパッチョ

材料

- 鯛刺身用（さく）…150g
- 紫玉ねぎ（5㎜角）…1/8個
- ミニトマト（縦横半分）…3個
- ミックスナッツ（刻む）…適量
- A
  - 塩…小さじ1/4
  - オリーブオイル…大さじ1
  - こしょう…少々

作り方

① 鯛は、ラップに包んで、**20分**ほど冷凍庫に入れる。

② 取り出したら5㎜以下をめざして薄切りにし、皿に並べる。塩をふり、冷蔵庫に入れて冷やす。

③ 野菜、ナッツを散らし、Aを順にかける。

切るのが難しそうに見える鯛のさく。でも冷凍庫に入れることで、身がしまって切りやすくなる。身の厚いほうを向こうにおき、包丁の刃元のほうを身に入れて、すーっと引く。幅の広いほうを外にして、円を描くように並べるときれい。

口に入れたとき体温で冷たい脂が溶けてうま味が広がるよ

食べられるまで 25分

韓流ドラマ、見るぞという日に

豚キムチチヂミ

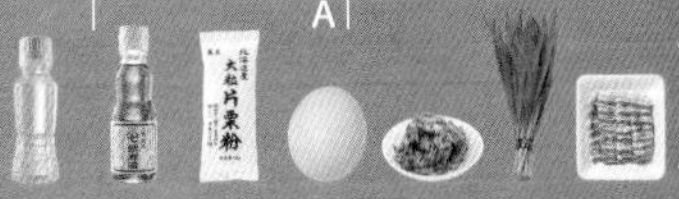

材料

- 豚バラ肉（薄切り）…50g
- ニラ…1/3把（30g）
- 白菜キムチ…100g
- A
  - 卵…1個
  - 片栗粉…大さじ5
  - ごま油…小さじ1
- サラダ油…大さじ2

作り方

① ボウルにAを順に加え、均一に混ぜる。

② 豚肉は2cm幅、ニラは2cm長さに切る。キムチは粗く刻む。①に混ぜる。

③ フライパン（26cm）に油を**中火**で熱し、生地を平らに広げる。

④ **3～4分**して焼き色がついたら、裏返してさらに**3～4分**焼く。

キムチはそのままでもおいしい。だけど、豚バラとニラを足して、カリッと焼いたら100倍おいしい。片栗粉は水を離す性質があるので、もちっとカリッとなりやすい。

食べられるまで 15分

必要なのは、買う勇気！
いかの丸焼きバターしんぶん

20XX年
10月10日

発行
おつまみ研究所

いかないいない
お正月の空に
よく
あがっている

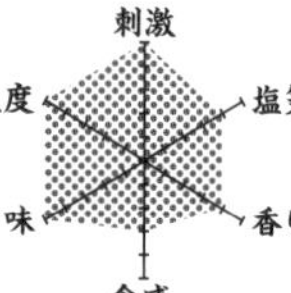

刺激
塩気
香り
食感
うま味
温度

食べられるまで　15分

今日のいか料理

【材料】

筒いか…1杯（200〜250g）

筒いかとは、やりいか、胴が細長いいかのこと

しょうゆ…小さじ1

バター…10g

【作り方】

① ホイルにサラダ油を塗る。いかはよく洗って、水気をふき、ホイルに包む。

② フライパン（26cm）に入れてふたをし、**強火で5分、弱火で7〜8分**焼く。

③ 取り出して、しょうゆ・バターをかけ、切り分けていただく。

【読者の声】

いか、怖くない！

（嘱託勤務　61歳）

スーパーで、いかがまるっと売っている。そこで呆然と立ち尽くす男がいた。私だ。

　いか、食べたい。だけど、さばけない。そんな私に、とある人が教えてくれた。「丸ごと焼いたらええねんで」。だから、思い切って買ってみた。

　すると、さばかなくても、いかはほとんど食べられることに気づいた。食べられないのは、くちばしと軟骨だけ。だから魚の骨みたいに、食べながら取り除けばいい。真っ黒な墨袋も、正体はほぼタンパク質だから、固まってうまい。何より丸焼きの魅力は、とろりと濃厚なワタ。食べるときは、キッチンばさみを使えば洗い物も少ない。

　おつまみの大事な軸の一つ「刺激」には「舌」だけでなく「脳」への刺激も含まれる。「怖い」や「めんどくさい」も伴うが、一度超えれば「おもしろい」に変わる。それが「刺激」という娯楽なのだ。

いか相談室

「一人で食べきれません」

いかめし！

刻んで炊きたてのごはんに混ぜると、いかのうま味がごはんに移って美味。

ゲソマヨ！

ゲソの部分に、マヨネーズを絡めて、またまたおつまみに。辛子もつけよう。

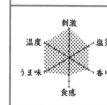

いかあるある
いかを見るとつい、いかのだじゃれを言いたくなる。いかん。

SHIGEKI

おつまみ実践日記「温度と刺激」

テツローさんが作ってみたら

12月4日

今日はちょっと寒かった。さすがは12月。会社で藤田さんが「うー寒いですねぇ。今日うち、おでんなんですよ〜」とうれしそうに話してた。藤田さんのところは、小学生の息子さんが二人いるらしい。うちも、ナナミとミズキが小学生のころ、大きな土鍋でフミコがよく煮込んでくれていた。大根は取り合いになって、よくフミコが「昨日から仕込んでたのに、食べるのは一瞬！」と笑ってた。あの土鍋、今どこにあるんだろう。

12月5日

帰りにスーパーに寄ったら、大根が特売だったので、思い切って1本、買ってみた。

しかし1本はでかいな。袋がずっしりと重い。ちょっと土鍋で煮てみたかったが、みつからないので、大将に教わった方法を試してみた。あまりに作業がシンプルで、余力があったので、ついでにちくわを軽くゆでて、いっしょに漬けてみた。土鍋じゃないけど、明日が楽しみ。なんだか、おでんの前日って、遠足の前日みたいだ。

12月6日

いやー、レンジ、なめていた。大根、すごくだしがしみている。硬めだけれど箸で割れるし、甘辛さもほどよくて、辛子たっぷりがよく合う。ごま油をかけてみたらこれまたコクがあってうまい。ラー油もかけ

て、ぺろりと半分くらい食べてしまった。

12月8日

藤田さんのところ、下の息子さんが甘えんぼうで大変とのこと。「来年2年生になるんだから、って言ってるんですけど、まだ私のふとんにもぐりこんできちゃって」藤田さん、眉毛はハの字だったけど、目はうれしそうだった。ナナミが小学生のときに「今日から一人で寝る」って言われた日のことを思い出した。帰りにふと、またスーパーに寄ってしまい、かつおのたたきを買った。うまいんだけど、一人で食べてると飽きるんだよな。この前、大将の店にいた女の子たちが言ってたこと、よくわかる。わがままなんかじゃないよ。一生に一回の今日だもの。

12月9日

今日も寒かった。そうだ、こんな日は熱燗だ、とひらめいて、徳利とお猪口を探してみた。前に使ったのはいつだっただろうか。ワンくんが訪ねてくれたお正月、にぎやかだったな……と思いながら押し入れをのぞくと、あった。土鍋だ。こんなところにいたのか。引きずり出そうとしたが、どっしりと重くて、腰がやられそうだ。徳利とお猪口の箱は、その奥に隠れていた。台所に戻り、残っていた大根をバターでこんがり焼いてステーキにした。途中で七味をかけたり、たたき梅をのせたり……と実験していたら、あっという間になくなってしまった。すっかりぬるくなった熱燗を、なみなみとお猪口に注ぐ。大根1本の軽さをかかえて、酒の水面にみとれている。

〆で飲む

炭水化物。でもハイボールがほしい

焦がししょうゆ焼きおにぎり

材料

- ごはん…200g
- A しょうゆ…大さじ1
- A 削り節…½パック
- サラダ油…少々

作り方

1. 温かいごはんに、Aをざっくり混ぜる。2つに分けておにぎりにする。
2. フライパン（20㎝）に油を薄くひき、①を並べて**中火**で**5分**、返して**5分**焼く。
3. 全体に焼き色がつくまで転がして焼く。

このおにぎりは、ウイスキーが合う。表面は、おかきのようにパリパリで香ばしく、混ぜ込んだおかかの燻製感とうま味が効いている。さらに刺激がほしければ、わさびをのせても。「焼きおにぎりは冷凍派」の方も一度ぜひ。

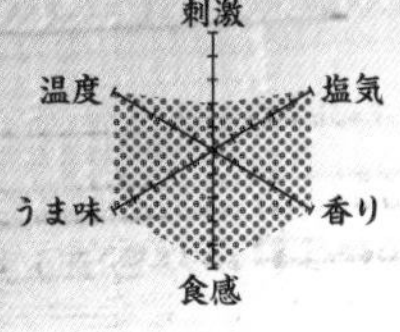

食べられるまで 15分

ベロベロでもレンジでももちもち

つまみうどん3種

—共通の作り方—

①耐熱皿に冷凍うどんをのせ、Aを散らす。

②ふんわりラップをしてレンジに**5分**かける。

③ほぐして全体になじませ、Bをのせて混ぜる。

|材料|

冷凍うどん…1玉

A 明太子…½腹(30g)

しょうゆ…小さじ2

バター…10g

B 青じそ(ちぎる)…3枚

明太バターうどん

生の明太子を絡めるのではなく、ある程度かたまりを残したまま加熱するのが「つまみ化」させるコツ。プチプチした弾力の奥から、塩気がガツン。噛むほどにバターの香り。

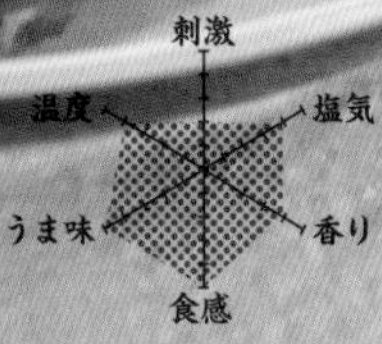

のり釜玉うどん

見慣れた調味料なのに、うそみたいにうまい。ポイントは砂糖。オイスターソースみたいなコクが出る。のりのうま味が大量放出された、新手の釜玉うどん。コク強め。

|材料|

冷凍うどん…1玉

A しょうゆ…小さじ2

砂糖・ごま油…各小さじ1

B のり(ちぎる)…全形2枚

温泉卵…1個

塩昆布レモンうどん

レモンがある日は絶対作ってほしい。もっちもちで弾力のある麺にオリーブオイルが絡むと、唯一無二のおいしさ。塩昆布がしっかり効いて、これは飲める。

|材料|

冷凍うどん…1玉

A 塩昆布…10g

オリーブオイル…大さじ1

B かいわれ菜…10g

レモン…好きなだけ

きつねあるある
たぬきがライバル。

P75の手羽先をゆでたスープで

かきたま鶏塩雑炊

沁みる。この一言につきる。パリパリの手羽先をつまみに飲んだら、〆はこの雑炊。骨からしっかり出ただしが、何かのすき間を埋めてくれる。

食べられるまで 30分

材料

- P75のスープ…3・½カップ
- 塩…小さじ½
- しょうゆ…少々
- A 水…大さじ2
- A 片栗粉…大さじ1
- 卵…1個
- ごはん…100g

作り方

① スープを小鍋に入れ**中火**にかける。煮立ったら塩・しょうゆを入れる。

② Aをよく混ぜ、小鍋に回し入れてひと煮する。卵を溶いて、回し入れて軽く混ぜる。

③ ごはんを加えてひと混ぜする。器に入れて、あればしょうが（すりおろし）、かいわれ菜を足す。

そんなの食べたことない
生ハムチーズお茶漬け

生ハムの塩気。青のりの奥行き。粉チーズの油っけと、オリーブオイルの爽やかな香り。何かに似ている。そうだ、牡蠣だ。海のうま味がぎゅっと詰まったリゾットのよう。謎を超えてどうか一口。

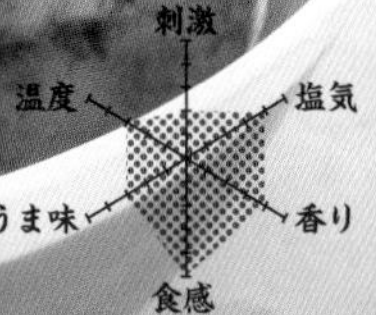

食べられるまで 3分

材料

生ハム…1枚（12g）

ごはん…80g

A

オリーブオイル…小さじ1

粉チーズ…小さじ2

青のり…小さじ1

作り方

1. 生ハムを細く切り、ごはんにのせ、Aを順にかける。
2. 熱湯（½カップ）を注ぎ、混ぜながらいただく。

テツローさんのひとりごと
これ、おいしすぎて、昼ごはんにも食べてしまった。休肝日にノンアルコールビール飲んでこれで〆たら「ああ、飲んだな～！」って脳が信じそう。青のりも賞味期限までに使いきれそう。

実験しながら3回食べる

そうめん研究所

当研究所、最後のレシピは
そうめんで〆。
めんつゆで食べると夏の昼食だが、
このそうめんは、おつまみだ。
まずは台所から、調味料を取って
食卓にずらっと並べよう。
しょうゆにねぎにごま油。
ぐるぐる混ぜて、味見する。
「あ、これ好きだな」
そう思える味に出会えたら
その喜びを肴に、もう一杯だけ。

材料

そうめん……1～2束

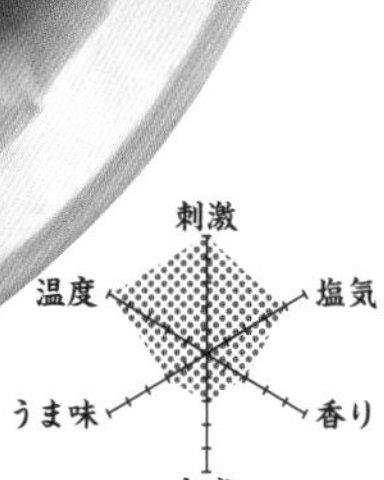

そうめんは、袋の表示の
とおりゆでてくださいね。
右の写真は2束分ですが
左のレシピは1束の1/3量です

1杯目

喉越しひんやり

わさび…小さじ1
しょうゆ…小さじ1
削り節…適量

そうめんってうまいな、めんつゆなくてもぜんぜんいける。とのん気に構えていると、ガツンとわさびが殴り込む。冷たさが喉を通っていい気持ち。

2杯目

エスニックな甘酸っぱさ

砂糖…小さじ1
すりごま…小さじ1
酢…小さじ1
塩…3つまみ
ラー油…少々
しょうがチューブ…少々

ん、これは、けっこう甘酸っぱいぞ。お酢はちょっと減らしたほうが好みかも。だけどパンチがきいた味で、ふつうなら絶対やらない。なんだか実験っぽいな。

3杯目

あと3杯いける

しょうゆ…小さじ1
ごま油…小さじ1
ブラックペッパー…少々
細ねぎ（小口切り）…2本

ごま油のコクに、細ねぎとブラックペッパーのキレある香り。お腹いっぱいなのにまだ食べられる危険なおいしさ。

トン
トン
パカ
パカ
ト
ポ
ポ

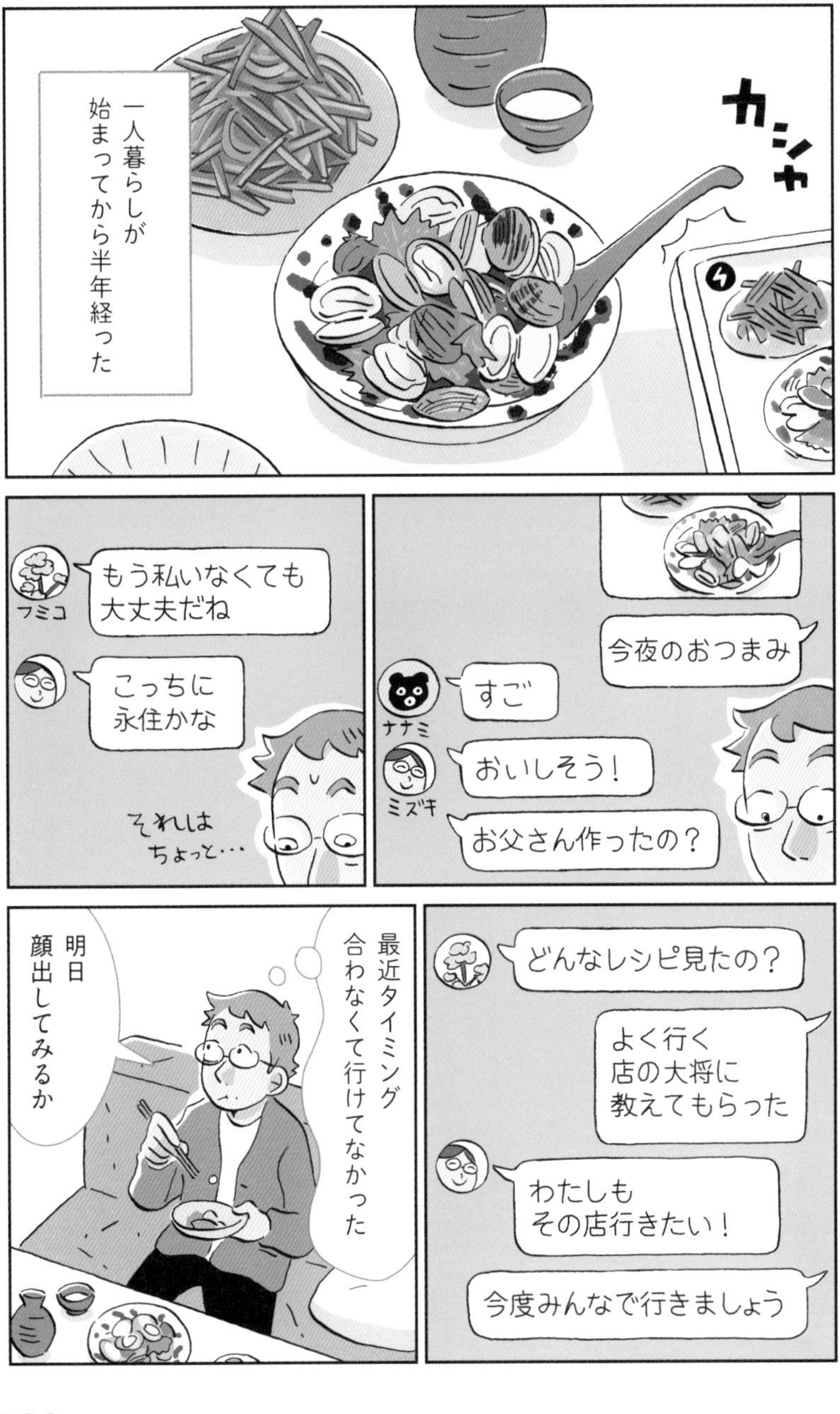
一人暮らしが始まってから半年経った
カシャ
今夜のおつまみ
ナナミ
すご
ミズキ
おいしそう!
お父さん作ったの?
フミコ
もう私いなくても大丈夫だね
こっちに永住かな
それはちょっと…
どんなレシピ見たの?
よく行く店の大将に教えてもらった
わたしもその店行きたい!
今度みんなで行きましょう
最近タイミング合わなくて行けてなかった
明日顔出してみるか

諸事情により
しばらく休業します。
のみ処きつね
きつね
うそ…
ジュ
モヤ
モヤ
諸事情って何だろ…?
大将大丈夫かな?
考えても仕方ないけど
あ〜!

焦がしニラ玉
半熟仕上げのはずが
焦げ焦げニラ玉 カチカチ仕上げに なってしまった
大失敗だ…
おつまみに 失敗なんか、 ない！
おつまみって 娯楽やねん
失敗したって それも味！
作るのも 食べるのも 楽しまんと
そーですよね
いただきます！
うん、 いい 焦げっぷり！
スーパー

今日の晩酌は何にするか…
昨日肉だったからさっぱりしたものもいい…
おっカリフラワーが安くなってる
白ねぎ
あ
¥258
テツローさん！久しぶり
カリフラワー安いな！
お久しぶりです…
ていうかお店！
どうしちゃったんですか？
あ〜ごめんごめん
ウチのボスが急に新しい研究始めるぞ〜店出すぞ〜言い出してな〜
それの手伝いしてんねん

店!?
あ
電話や
ゴメン
はい
食パン10種類？
ムリですよ
こんな時間に！
米5キロと
牛乳5本と
卵とベーコン!?
どうやって
持って
帰れっちゅうん
ですか！
まったく無茶
言いよるわ～
バタバタして
ごめんな
いえ
会えて
よかったです！
ほな！
ドロン！
あ.
大将～
新しい店、
楽しみに
してます～！
1か月後
近日オープン!!
来てや～
いったい何の店だ…？
たまごやさん？
END.

おつまみに失敗はない。だけど

「なんかうまく作れない」ときに見直す4項目

①分量は合ってる？

少々
＝約小さじ1/8

親指と人差し指ではさんだ量。

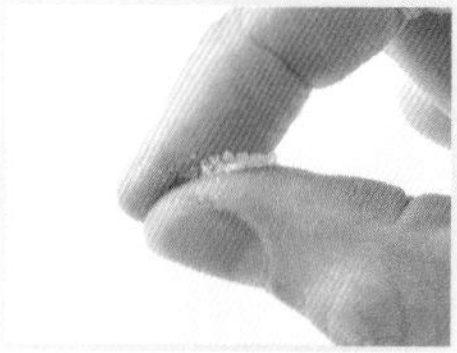

ひとつまみ
＝約小さじ1/4

親指、人差し指、中指の３本でつまんだ量。

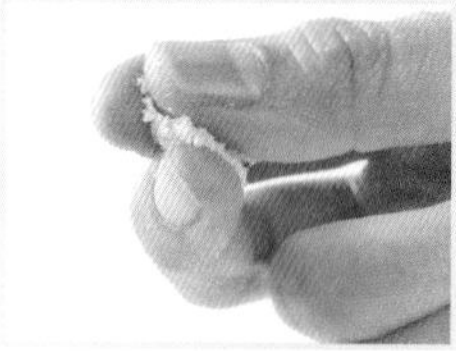

大さじ1/2

見た目には「半分!?」と思えるけれど、これがちょうど大さじ１の半分の量。

大さじ1

しょうゆなどの液体は、表面張力で少し盛り上がるくらいが「1杯」。塩などはすり切る。

100gってこれくらい

きゅうり１本

玉ねぎ1/2個

なす１本

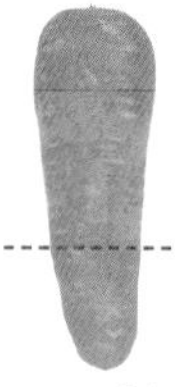
にんじん2/3本

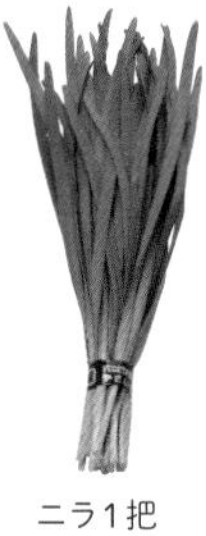
ニラ１把

しょうが１かけ（10g）

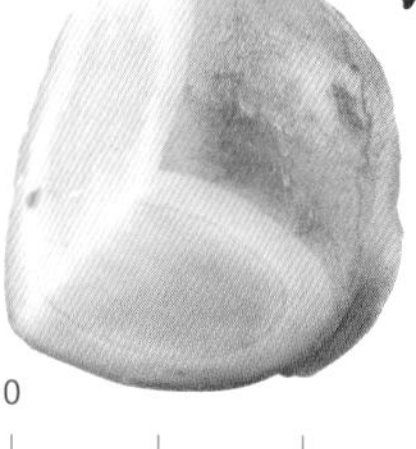

原寸大

Ｐ１５９を参考に、冷凍もできるよ

ブロッコリー1/2個

一応スケール

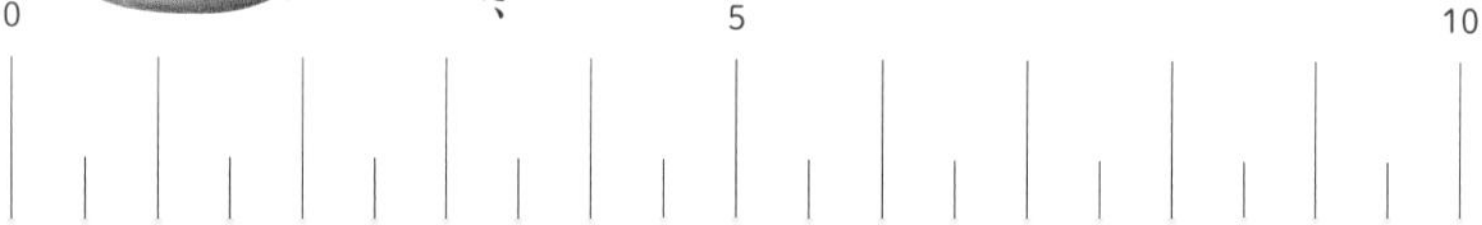

②火加減は合ってる？

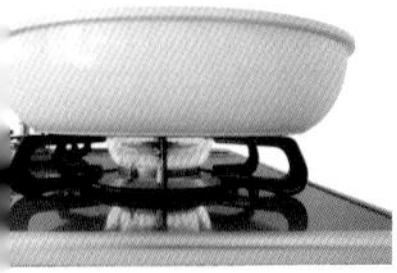
弱火

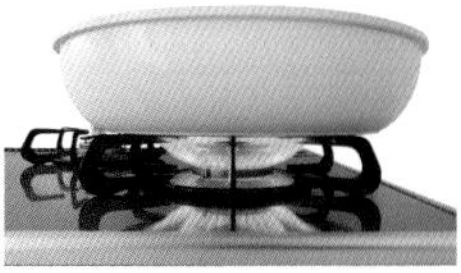
中火

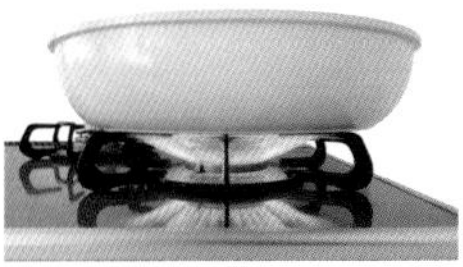
強火

＊レシピによくある「中火で熱し」の目安は１〜２分。「火を強める」という表記は、素材を入れたら温度が下がるので、そのぶんちょっと火加減を強めるという意味。強火にするということではない。

③調理道具は合ってる？

フライパンや鍋の大きさも、直径が数㎝違うだけで、仕上がりに大きく影響する。レシピに書かれたサイズのものを、なるべく使ってみてほしい。

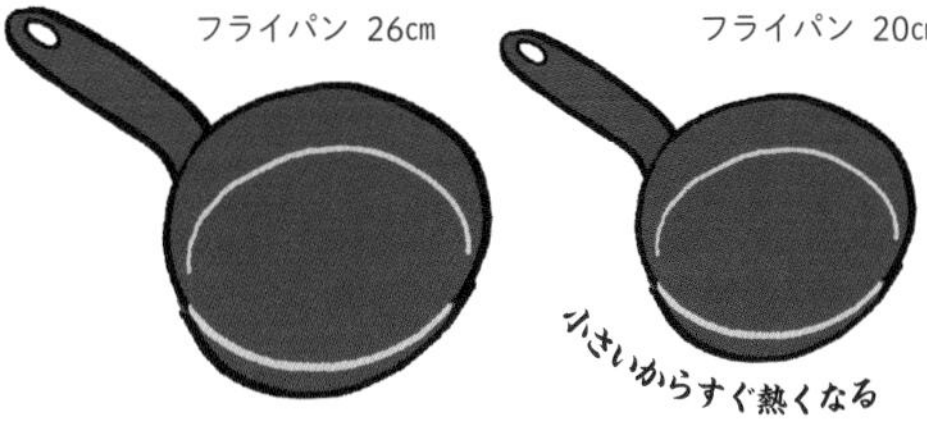
フライパン 26㎝
フライパン 20㎝
小さいからすぐ熱くなる

④切り方は合ってる？

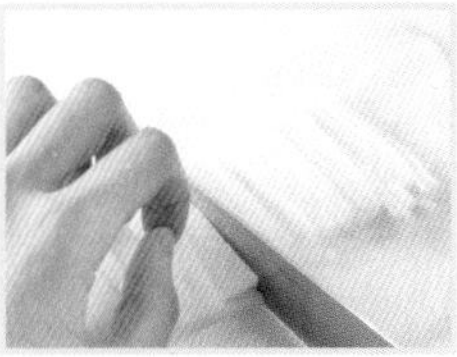

せん切り

素材を極力細く切る。

くし切り

球状の素材を放射状に切る。櫛に形が似ているためこのよび名に。

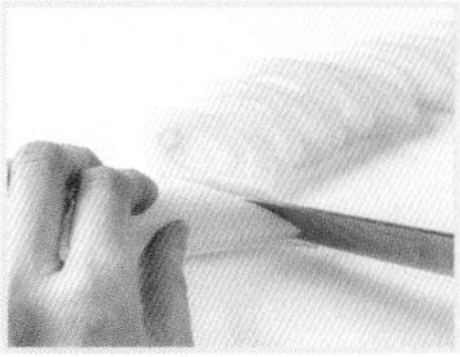

薄切り

厚みをそろえて、1〜2㎜幅に薄く切る。

乱切り

回しながら、不規則な形に切る。こうすると切り口の面積が広くなる。

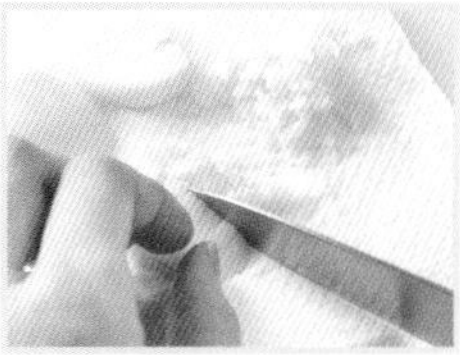

みじん切り

細かく刻んで3㎜角以下にする。

突然やけどな
アボカドは1/4に切ってからやと
皮むきやすいねん

おもな素材の索引

油揚げ……46、83
ウインナー……36、37
えび……50、120
卵……26、42、48、52、114、169、177、178
豆腐……27、146、147
豚バラ肉（薄切り）……27、40、136、160、169
ベーコン……72、161
明太子……82、98、125、176
青じそ……42、116、166、176
梅干し……74、90
しょうが（生）……48、71、80、103、118、136、158、166、178
にんにく（生）……34、48、50、71、78、94、103、120、149、151、160、166、167
細ねぎ……77、116、163、181
みょうが……42、118
アボカド……53、148、149
えのき……30、75、82
エリンギ……31、161
かいわれ菜……166、177、178
かぶ……35、102
キャベツ……34、64、102、158
きゅうり……90、102
しいたけ……31、40
セロリ……54、150
大根……129、156
玉ねぎ……72、154、167
長芋……53、66、67、102
長ねぎ……40、118、136、155
にんじん……129、150、152
ニラ……26、43、158、160、169
パプリカ……102、150
ピーマン……34、70
マッシュルーム（生）……120、126
ミニトマト……121、163、168
もやし……27、160

あー っ
それ 雑炊に使うねんで!
ザー!ッ
…
ズドドド
やりすぎ! やりすぎ!!
つっ
…ちょっと 多すぎた?
…
3cm…!!
ちょっと 厚すぎちゃう?

ステテ…

23時のおつまみ研究所

2023年6月14日　第1刷発行
2024年7月29日　第8刷

著者 小田真規子
絵・マンガ スケラッコ
発行者 加藤裕樹
編集 谷 綾子
発行所 株式会社ポプラ社
〒141-8210
東京都品川区西五反田3-5-8
JR目黒MARCビル12階
一般書ホームページ
www.webasta.jp
印刷・製本 中央精版印刷株式会社

Printed in Japan
ISBN978-4-591-17808-9
N.D.C. 596／191P／19cm

P8008425

OTSUMAMI LABORATORY

著者 小田真規子(おだ まきこ)

料理研究家。栄養士。スタジオナッツ主宰。女子栄養大学短期大学部卒業後、香川調理製菓専門学校で製菓を学ぶ。「料理をすること」も好きだが、より「考えること」が好きで、度重なる試作・研究の末に、食材や調理の原理原則を独自に導き出して概念化し続けてきた。そのため、「作ると料理がうまくなるレシピ」と定評がある。それがきっかけとなり制作した著書『料理のきほん練習帳』(高橋書店)は、シリーズ60万部に迫り、料理レシピ本大賞in Japan 2014入賞もはたすロングセラーに。中学校技術・家庭教科書の料理監修や、食品メーカーへのレシピ提供なども行う。『つくりおきおかずで朝つめるだけ! 弁当(1～5)』(扶桑社)など著書は100冊以上で、さまざまな料理のブームに先駆け出版しベストセラー多数。『一日がしあわせになる朝ごはん』(文響社)は料理レシピ本大賞in Japan 2016準大賞を受賞。

絵・マンガ　スケラッコ

漫画家。著書『盆の国』、『大きい犬』、『しょうゆさしの食いしん本スペシャル』(リイド社)『バー・オクトパス』(竹書房)など。
好きなお酒はビール。好きなおつまみは餃子とポテト。うどんも好きです。

ブックデザイン 中村 妙
題字デザイン 福士大輔
撮影 志津野裕計、石橋瑠美、三浦庸古
撮影アシスタント 内田 淳
（クラッカースタジオ）
スタイリング 小田真規子、清野絢子
調理スタッフ 清野絢子、三浦佳奈、水間あすか
（スタジオナッツ）
食人(たべんちゅ) 大野正人
DTP 有限会社エヴリ・シンク
校正 株式会社ぷれす
材料表の食材写真などの一部にphotoAC、Getty Imagesの写真を使用しています。

23時の
おつまみ
研究所